[經典]
HUMANITY
[人文]

一方印記

一方水土一方承載

藝文大家的土地記憶書寫

編者序

地靈人傑　人傑地靈

本書所有篇章，源自於經典雜誌【一方印記】專題結集；該系列報導的發想，即源於經典雜誌長期以來經營台灣在地報導的脈絡。我們從台灣的歷史身世，到河川、山脈、道路，海岸線至離島；從原生特有種、外來入侵種動植物，以至與民眾休戚相關的糧食蔬果；從土地歷史、生態環境乃至歲時信仰，只要攸關這塊土地的題材，幾乎無所不包。而在關心土地之餘，我們也關注到這塊土地上的人，所以《經典》報導過：或許不是知名人物，但在各自位置默默奉獻的人（【人文風景】專題）；又或是高手在民間的藝師巧匠（【匠心獨具】專題）。而【一方印記】專題的起始，也是從關懷台灣這塊寶地向世界出發，我們幾經思索：對於土地的記錄，除了《經典》專擅的圖文紀實影像報導之外，是否可能透過藝文界諸多領域大家，利用其細膩幽微乃至心靈發抒或對話，化為文學性的土地書寫——

書寫記憶最深刻的所在。對於土地的印記，從來都是各自表述的；但透過大家的文學彩筆，或能發掘常人未曾觀察甚至無從體會的土地承載記憶，為讀者開啟不同的視野，這也是《經典》啟動【一方印記】專欄的初衷。

收入本書的大家專文，諸如：小野的南萬華，以謎樣夢中城堡的台北植物園為中心，輻射擴散至南海、博愛一帶道路、建築群及周邊，形成廛肆街衢交纏的夢境八陣圖。吳晟的彰化溪州，位在黑泥母親河濁水溪畔，是「承續父祖輩，從年幼至今已老邁，一輩子定居於斯的所在」。林立青的南機場，是專屬於農曆年節母親娘家的、源於黨國遷台時空下的國宅社區記憶。夏瑞紅的台南中營，是緩慢 lag 節奏農村，但也透顯怡然醇厚人情。是她為人妻的第二故鄉，而今已是新故鄉。彭康隆的花蓮大富，是直溯父輩從廣東渡海來台，輾轉於新竹、南台灣後抵達花蓮光復的歷程。楊憲宏的台南，是年少立志住遍「一府二鹿三艋舺」的最後一塊拼圖。雷驤的北投，是圖繪與文字的筆底優游，是溫泉鄉迭經四十年的變與不變。夏曼．藍波安的蘭嶼，是伊姆洛庫部落海濱親手打造的拼板船，是娓娓訴說的蘭嶼歷史與古老達悟傳說。此外，尚有余宜芳的高雄岡山、阮義忠的宜蘭頭城、阮慶岳的屏東潮州，林正盛的台東泰源、廖鴻基的花東海岸、謝哲青的高雄、蘇淮的小琉球等計十五家專文。

實際上，《經典》【一方印記】專欄已刊大作名家，當然遠不止上列幾位，然囿於成書篇幅，若已刊大家全數上場，勢令全書篇幅超量，故先依該專題於雜誌刊出順序，遴選共十五位來自各方、不同領域的名家碩彥，書寫心中眼底各自的土地印象。成書過程中，各家的出場序安排也煞費苦思，畢竟都是各擅專場的一方賢達，要如何談資論輩，總得有個令人滿意的說法。曾想用各家筆底地域來切分，但北中南東孰先孰後各有所愛；若用雜誌刊出順序排，又不免過於粗略；依年序？可能招來更多抗議！最後，決定用最不具爭議、但也最無新意的「依作者姓名筆畫」排序，這是最不得已、但或也是最妥適的方法。

於是，乘載了十五位藝文大家的首班專車出發囉！至於因座位有限未能搭上首班車的大家們，謹在此跟諸位鄭重致歉，招呼不周！但相信第二班、第三班……

車很快又將坐滿。屆時將按時依序發車，也請大家拭目以待。

期待以薈萃人文與土地熱情的文字，輔以見證時代及在地情感的影像，呈現一方水土一方人的人文風土紀實樣貌。回應經典雜誌長期以來的在地關懷：人親土親，因為人以熱情澆灌這塊土地，土地則賦予人昂然向前的生機。無論地靈人傑，或說人傑地靈，兩者猶如陰陽太極、纏綿糾葛而生生不息。

不管是往記憶中找尋，或邁開大步向前行，都是每個人的土地記憶。不論是在過去、現在或未來，每個人，都在追尋「一方印記」的路途上。

《經典》也在路上，在尋訪各方大家的路上！

目次

穿過森林便是城堡

小野——台北南萬華

作家小野的童年時光圍繞著台北植物園
對他而言，植物園既是給予最多啟蒙和養分的地方
也是他一輩子都走不出來的暗黑森林

小野，七〇年代最暢銷作家之一，八〇年代新電影浪潮重要推手，千禧年後出任華視總經理。近年推動千里步道運動，創立台灣第一所影視音實驗教育機構，也是紙風車文教基金會董事長。著作超過百本，持續創作中。

我常常會作迷路的夢，夢到一條河溝，一間掛了畫的旅館，遠方謎樣的城堡，一片漆黑森林，還有不知道會開往哪裡的火車。

我試著去解釋這個一直重複出現在夢境中的場景，終於找到了線索。那是我從童年一直住到大學畢業的家，而這個家早已隨著整個公家宿舍拆除而消失了。遺址只剩下一條短短的巷子：台北市和平西路二段一一六巷。我常常在那裡流連徘徊，想要找到自己成長的蛛絲馬跡，最後我找到了植物園，一個給我最多啟蒙和養分的地方，也是我一輩子都走不出來的暗黑森林。

夢中的漆黑森林便是植物園，掛著畫的旅館是植物園內的歷史博物館和藝術教育館，那幅畫可能是《蒙娜麗莎的微笑》，河溝是已經被水泥覆蓋的赤川，即現在的三元街和西藏路，火車行駛在萬華通往新店的萬新鐵路上，鐵路地下化之後，鐵道變成了現在很長很彎很窄的汀州路接到拓寬的羅斯福路五、六段，和現在的捷運松山新店線所經過的站相似。

日治時拆除台北城的城牆，改建如歐洲大城的寬敞道路，如今日台北的中山南路即是三線道。（圖／國家圖書館提供）

加蚋仔的野孩子

別人問我是哪裡人時，我會回答我是艋舺人，艋舺就是平埔族語的萬華。如果要再更精確一點的描述，我會用閩南語說：「加蚋仔」，這是南萬華的地名，外來的人口很多，乃龍蛇雜處之地，出過一個大流氓叫做「加蚋慶」。

其實我童年居住的地方只是在南萬華的邊緣，但是我的初中、小學和幼稚園都位於南萬華，所以最熟悉的生活圈和文化也都在那一帶，也是這樣才學會了講閩南語。媽媽買菜的地方是龍山寺旁的三水市場，距離住家有一段距離，我常常跟著她去買菜，她會把極有限的菜錢（一天十元，八口之家）省下最後一點點買漫畫和糯米腸給我。元宵節看完了龍山寺的花燈猜完了燈謎，會再去逛青山宮的電動花燈，爸爸喜歡帶著我們去萬華夜市看看殺蛇或是吃點東西。

其實我們宿舍的鄰居有不少孩子去讀南海路上的國語實小，那所學校距離我們家更近。我非常慶幸自己讀的是那所沒有升學壓力的雙園國小，簡直像森林小

拍攝全家福時，小野（左圖左二）的母親正準備生小弟。母親以前會到東三水街市場買菜（上圖）。（左／小野提供）

學一樣的自由自在，花很少時間在讀書，足足玩了六年。

童年時光緩慢而閒散，就像黃牛拖著載滿黃豆或是鋼鐵的板車的速度，牠總是吃力地喘息著走進宿舍旁的物資局倉庫。孩子們跟在黃牛後面撿著落了一地的黃豆，如果嫌黃豆掉落太少，隨手再把袋子的洞挖大一點。火車通過的聲音是光陰的節奏，黃牛在樹下拉的糞便是貪玩的孩子們隨口說的謊言。我是一個不寫功課的孩子，一整學期的國語生字簿是空白的，所以我後來會成為一個寫作者，應該是上天的懲罰。那些不寫功課所空出來的時間，我會發明各種自創的遊戲，畫紙人紙馬演出成吉思汗的故事，把紙人塗上蠟之後放在倉庫的消防池上，進行游泳比賽。

我無憂無慮但物質匱乏訊息封閉精神苦悶的童年，就在鐵路和河溝的夾縫中度過，河溝外的世界便是螢橋、古亭，其實很近，但是對我而言，就像銀河一樣遙遠。

謎樣的夢中城堡

謎樣的夢中城堡對童年的我而言，是一個極陌生的國度，但是只要經過一個旋轉門進入植物園，再從另一扇門出去，便可到達城堡的某個神祕角落。

朝著植物園北方一排有彈孔的椰子樹走出去，便是博愛路。博愛路直直走，穿過清朝台北城的麗正門，就會進入城堡的核心地帶，包括總統府、司法院、中山堂、台灣銀行總行、國立台灣博物館、二二八紀念公園（從前是新公園）都在這裡。那麼清朝時期台北城的城牆呢？日本人來到台北之後，拆除了古城牆，改成像歐洲大城市那種有中央分隔島種滿大樹的三線路，正是現在的愛國西路、中華路、忠孝西路和中山南路。到了有月亮的夜晚，成了情侶散步的地方。望著四周一幢幢蓋起來的歐洲建築物，會有一種走在巴黎、倫敦、維也納的錯覺。明治維新之後許多留學歐洲的日本建築師，急著想要在他們得到的第一個殖民地上打造出充滿實驗性帶著南洋風味的歐洲城市。

往植物園南方的門走出去便是南海路了，對面有一所種滿高大的黑板樹和紅色建築的建國中學。和北方城內的歐洲建築很不一樣的城南，充滿了文教藝術氣息，從日本時代到國府遷台都是公教人員的宿舍。這裡的每條道路都有自己的傳說和故事，例如南昌路、牯嶺街、泉州街、同安街、廈門街等等。我無法清楚地描述這些有故事的道路之間是相互平行或是垂直的，因為它們的前身有可能是水圳或是鐵路支線，尤其是它們的巷巷弄弄彎彎曲曲形成了一個大迷宮，連送信的郵差都會迷路。我曾經依據古地圖尋找清朝水圳流過的巷弄，找到這座城市的脈絡肌理。

這些年隨著一些戰前的日式建築和戰後的眷村逐漸被修復重見天日，我們終於可以為每一條街找到一個有代表性的建築物。我們可以這樣描述著，有紀州庵

南海路、泉州街路口的二二八國家紀念館，日治時是台灣教育會館，戰後曾為省參議會、美國在台新聞處、美國文化中心等單位所在。（攝影／金成財）

的同安街和廈門街是文學森林，連人行道上都有詩句。有牯嶺街小劇場的牯嶺街和有紙風車劇團及信誼書店的重慶南路是兒童戲劇市集，每年「城南有意思」的活動，都在這裡舉行，因為中華文化總會也在重慶南路上。

南昌路上有一些重要的地標，一個是由孫立人將軍官邸修復後的陸軍聯誼廳。另外一個地方是南昌公園，有一棵百年老榕樹和一些詩文。這裡曾是台灣總督兒玉源太郎的別墅，他為這個地方取名「南菜園」。這條路在清朝時是由艋舺走往新店的古道，曾經有許多客家人在此定居，經營一些商店，曾經是條很熱鬧的街道。隨著羅斯福路的拓寬和延長，好景不再，許多客家人再度移民至通化街和六張犁。

一條街，一部電影，一個大時代

如果你在網路上搜尋「牯嶺街」三個字，最先跳出來的會是一部電影的名字《牯嶺街少年殺人事件》，這就是電影或是文學的魅力和影響力，它們會賦予一

植物園裡的台灣藝術教育館（下圖）與教育廣播電台、歷史博物館，現為「南海學園」建築群；作者迷路的夢中，遠方城堡是總統府、司法院、中山堂、台灣銀行總行、台灣博物館（左圖）、二二八紀念公園。（攝影／金成財）

條街更多的意義。我曾經參與過這部電影最初的創作及田野調查，也印證了一條街、一部電影和一個大時代是如何形成的。

爸爸媽媽是在日本戰敗後隨著福建省訓練團先後來到台灣的，所以他們倆見證到一九四五年到一九四九年間台灣發生的所有歷史事情。媽媽還有一本日記本詳細記錄她當時的生活、工作和不安的情緒。從小聽到他們說起台灣地名時，他們仍然習慣把水源路說成「水道町」，中山北路說成「六條通」，也常常提及日本戰敗後的狀態，有些狼犬因為缺乏照顧而餓死等。侯孝賢的電影《悲情城市》便是以這個特殊四年為背景來講一個家族的離散。

爸爸常常提及他在戰後的牯嶺街買到許多正要撤離台灣的日本人賣的字畫和書籍，還有和日本人的短暫交往。小時候覺得爸爸非常有學問，他手邊有一大堆台灣原住民的服飾配件的繪圖，也有極稀有的台灣鳥類像是帝雉、藍腹鷴的繪圖。後來他才告訴我在牯嶺街認識了一些日本人，其中有一個是研究台灣原住民及野生動植物的中學老師茅野正名，他想要找到一個可以接收他的作品和顏料、畫筆

因電影《牯嶺街少年殺人事件》聞名，藝文界爭取將歷史建築規畫為牯嶺街小劇場。（攝影／金奇妍）

的人，繼續他的工作。他在混亂的人群中發現了會畫圖的人，正是我爸爸。從此以後，爸爸也會畫這些在戰後極罕見的東西。

爸爸來台灣之後愛上了牯嶺街，沒事就去那裡逛逛，買到許多舊書和舊畫，只有初中畢業的他，靠著那些舊書舊畫自學，也安排我的閱讀計畫。他在牯嶺街的舊書攤上買到《木偶奇遇記》、《戰爭與和平》、《唐吉訶德先生》、《老人與海》、《環遊世界八十天》、《小婦人》等，為我製作一本閱讀筆記，在扉頁用紅筆畫上表格，不但填書名、作者名，連頁數都填。在我閱讀完第七本書時，他在備註欄寫著：「p1205, 602200 字」。

十歲的那年暑假的第一個月，我被迫閱讀了這些我看不懂的書。長大之後我在許多演講的場合說這個故事，印象最深刻的是一次去監獄對獄友們演講後，一個獄友舉手發言，他說他的爸爸也是這樣對待他和期待他的，結果我們的命運大不同。

我們上了初中後，在開學前會先收到課本的書單，為了節省開銷，我們兄弟姊妹們都會先去牯嶺街尋找別人用過的舊課本，通過檢查後就不必買新書，我們一家五個孩子都習慣讀牯嶺街找到的舊課本。博物課的第一堂課，個子小小的女老師走進教室，把上課用的圖表掛在黑板上，第一課是「植物」，我的舊課本第一課是「礦物」。我傻傻地看著老師的圖表，再看看自己的課本，一臉無奈。偏偏老師彷彿看穿了我的

牯嶺街曾是「台灣第一舊書街」，昔日盛況不再。

心事，就指定我站起來念課本，我漲紅著臉在同學的嘻哈聲音中大聲念著我的「礦物」。回家後哭著向爸爸抗議：「為什麼我要和大家不一樣？為什麼？」晚上爸爸帶著我從旋轉門進入植物園，再從博愛路的門出去，在衡陽街找到正中書局買了一本新的博物課本，這是我在求學時代極少數擁有的新書。

《牯嶺街少年殺人事件》是楊德昌導演一直想要拍的電影，那是他對自己青春歲月的回憶，也是對那個不幸而苦悶的時代做見證，他用四小時的長度拍出了一部反映那個時代外省族群的真實處境的史詩，說得更清楚一點，是悲歌。不同於過去大家習以為常的，凸顯相互扶持、照顧、熱血、戰鬥、奮鬥的眷村故事，他更想要說的是一個青春殘酷物語，反映出大時代中一個族群遷徙流離的不安和恐懼。

楊德昌曾經說過這樣一句話：「我們何其幸運地生長在一個不幸的時代，才能成為一個完全的電影人。」因為匱乏，因為艱難，因為渴望，因為折磨，我們才能全力以赴，浴火重生。如果要我選一條童年最熟悉的街道，應該就是牯嶺街了。這一生最愛的電影，當然也是《牯嶺街少年殺人事件》了。

爸爸走了許多年後，我重新將他在牯嶺街買的許多日本畫重新裱褙，定時拿到陽光下晒一下。想像著台灣那段戰後的動亂時代。那些畫都不是出自名家之手，但是對我而言卻是無價之寶，是我和爸爸走過的那個特殊時代的連結。

小野幼時曾經跟著父親到植物園（圖中），看著父親在椰子樹下揮筆寫生。（圖／小野提供）

走不出父王的疆界

我一直在尋找童年走進植物園的旋轉門，就像哆啦A夢中可以超越時空的任意門。曾經以為沿著延平南路一九五巷，經過一道有植物種子繪圖的紅磚牆進入植物園的那道旋轉門便是童年的任意門，但是進去後的蕨類植物和仙人掌的沼澤區，都很陌生。旅居美國、曾經就讀植物園旁南門國中的弟弟，斬釘截鐵地告訴我說，那個旋轉門不是我們童年的任意門，他每次回台灣都會去再走一遍，答案是童年的任意門已經被一道牆封了起來。

最近我決定再出發去尋找已經被封鎖的那個童年的任意門。我從延平南路一九五巷進入，童年記憶中的那個假山假水已經不見了，只有清朝的欽差行台依舊在。走進雙子葉植物區找到了法國神父佛里的雕像和一個園丁林火塗的紀念碑，我最愛的殼斗科植物就在附近。轉到了由和平西路二段大門進入的單子葉植物區，沿著有落羽松的水生植物區一直走到了野薑花池，童年記憶逐漸變得清晰。童年的任意門就在那片竹林後面，穿過一個旋轉門進入植物園就是現在的野薑花池，那個涼亭還在。我們常常在炎熱夏夜，坐在大池塘邊的長椅上避暑，那時候的池塘種的是荷花。我們可以看到欽差行台的後方，童年的記憶並不美好，恐怖的氣氛令我們想到隨時會從暗黑森林中鑽出來的鬼魅魍魎。

在模糊的紀憶中，五歲左右的我，常常跟著年輕英俊但是懷才不遇憤世嫉俗的爸爸來到植物園，他一襲白色襯衫和藍色褲子，近視眼鏡掛在高挺的鷹勾鼻上，坐在椰子樹下的草地上，在素描簿上寫生，畫樹也畫人。我曾經想要在植物園尋找那棵非常高大的椰子樹，因為照片上的爸爸就像那棵椰子樹，在廣闊的草原上臨風搖曳，一枝獨秀，自戀又孤傲。那一年達文西的《蒙娜麗莎的微笑》在植物園的歷史博物館展出，爸爸要我一個人去欣賞，並且要我回家告訴他這幅畫的偉大之處。

我站在畫前足足半小時，左看右看，旁邊大人都當我是一個傻子。回家後告訴爸爸說：「這個畫家太厲害了，我不管走到哪裡，蒙娜麗莎都一直盯著我看。」

sh slowly
07:00-19:00

植物園延平南路上那道旋轉門，小野曾以為就是童年任意門，但當時的門已被封起，僅剩回憶與夢境。

直到現在，蒙娜麗莎仍然一直盯著我看，提醒我要成為一個偉大的人。從此以後，我的人生一直被鎖在這個植物園中，童年走進來的那個旋轉任意門不見了，我找不到回家的路，也走不出父王的疆界。

為什麼走不出父王的疆界呢？不是因為父王的領地遼闊無邊無界，我們無法跨越，而是我們一直像是沒有被解放的農奴，沒有認真反抗過父王加諸我們腦袋裡的誡律。我往往無法分辨真實和虛構的差別，常在夢中出現的殘影浮光對我而言才是更真實存在的。我唯有從童話故事中尋找，尋找我在無憂無慮的童年時光，自己創造的虛構故事和那些自己發明的遊戲。

我在植物園消失的旋轉門附近留連忘返，看到一個紅冠水雞的家族，光鮮亮麗的雄鳥四處遊蕩，兩隻羽翼未豐的雛鳥一直跟著母鳥索討食物，另一隻雛鳥孤單地躲在遠方，全身抖個不停，可能是做錯事被處罰。

而我，不就是那隻常被處罰的雛鳥嗎？◇

余宜芳，資深出版人、寫作人。現任有方文化社長、專欄作家。國立政治大學新聞系畢業。曾任職天下文化、時報文化出版公司、遠見雜誌，著有《台積DNA》、《奧美創意解密》、《宇宙遊子》。

余宜芳——高雄岡山

記憶的地圖

重新回到成長生活了十五年的故鄉岡山
種種回憶，在作家余宜芳的心裡反覆浮現
曾有的舊家已消逝，如今眼前是大馬路
幸好隔壁鄰居改建時留下一堵磚牆，得以睹物思人

「你哪裡人啊？」偶爾國內旅行時和旅人交談，碰到詢問來處，「哦，我台北來的。」通常這樣回答。很奇怪，就是無法大大方方說出一句「我是台北人」。明明台北住居一晃眼四十年，每被問及來處，心底仍會猶豫，彷彿稱呼自己是「台北人」有冒牌之嫌，而自十五歲少小離家的故鄉「岡山」才是答案。

想到岡山小鎮，日治時代修建的舊火車站自動跳出腦海，這是返鄉座標也是離家起點。記不清多少次，母親帶著大包小包食物，騎著小摩托車載我到車站搭車北上。她個性急，送我出門一定提早半小時，寧可坐在候車室木條椅上發呆，或說一些重複又重複的叮嚀。一看見站長走到剪票口就定位，立刻急慌慌地去排隊，然後靠著熟臉孔「盧」站長讓她免票進北上月台陪候車。老車站有座全台獨有、建於一九三〇年代檜木打造的天橋，每走一步歷經風霜的木階梯，腳下嘎吱嘎吱作響，若同時間多人行過天橋，橋面便波浪似地咚咚上下抖動。多年後，獨自在日本鄉間鐵道旅行，經過一個又一個掛著木招牌車站名的驛站，憶及建築風格相似的故鄉車站，想到母親當年一次又一次送我上車後獨自返家的心情……。

食物的地圖，懷舊的濾鏡

幸好小小月台承載離別的傷感，也接住重逢的歡欣。若從台北搭車返鄉，通常選晚上抵達班次，母親早早在候車室等候，一見面坐上她的摩托車，什麼話都不必說，直接騎到火車站對面的「中街」路口麵攤，吃碗跟台北的味道就是不一樣的陽春麵。特別在冬夜，小鎮九點多已漆黑一片，坐在熱氣蒸騰的溫暖麵攤，我吃著麵她看著我，母女倆皆有「終於回到家」的感覺。

十六歲的余宜芳坐在偉士牌機車上，攝於老家門前。

（圖／余宜芳提供）

「中街」即平和路，日治時代起就是岡山最熱鬧的主街，是最早鋪柏油路、最早設紅綠燈的一條街。小時候最高檔時髦的商店都在中街，鎮日摩托車、腳踏車人潮不斷，生生皮鞋、照相館、舶來品服裝店、岡山規模最大的書店文具店、國中生偷偷約會的冰果店、久久母親才捨得買一次「克林姆」奶油麵包和蔥花麵包的麵包店……。打個比方，六〇、七〇年代的岡山人逛中街，相當於老台北人逛西門町。忘記哪一年了，帶著孩子和先生回娘家，興致起來想帶他們看看我的來時路，先是舊火車站早已遷移改建，對位座標不見了，附近的馬路又大幅拓寬，開車兜轉好一陣子才確定那一條又小又窄、人車俱稀的街道是中街。記憶的幽徑已無從拓寬，幸而彎彎繞繞終找到微弱的童年亮光。

尋找中街的經驗讓我驚覺，即使每年回故鄉，岡山的變化早已翻天覆地，於

作者童年時最熱鬧繁華的崗山中街，如今已然寥落；只剩日治時代建築精緻的太吉西藥房，靜守巷弄一隅。

Dispensary
MWF-0920

我是非常陌生的所在了。曾經繁華無比的中街，在Google地圖上直接被標示成「岡山老街」，是觀光客要看老建築、老商店的必訪之地。而帶著台北家人走逛的我，本質上又何嘗不是觀光客？慢走一遭中街，童年熟悉的店家早已消失，幸而近百年的「太吉西藥房」和「太原診所」仍繼續營業，真是太好了。太吉西藥房是保存完好的洗石子三層建築，半弧形立面弧度優美、柱面雕工細膩、在其堂號「延陵」下，還有一小排英文字「Good Luck Dispensary」（好運藥房），可見其洋氣。

沒有孩子不怕看醫生的，但位在老街旁民生街的「太原診所」曾是岡山人的驕傲。走進太原診所彷彿跨入舊時日劇場景，時光凍結在日治時代，建於大正時期（一九二一年）的太原診所是當年岡山地區最高最氣派的建築，古典綜合風格的鋼筋磚造洋樓、古老的六角青磚地板、掛號台和領藥口是至今小心維護原貌的深褐色檜木構件。

最難得的是王家三代醫師接棒行醫超過百年，至今未輟。小時候沒有健保，只有真的發燒很嚴重了，擔心是大病，家人才會去到太原診所給第二代、畢業於

母親留下來的手錶、小筆記本以及她替女兒珍藏的青春印記。

傳承三代醫者的「太原診所」，屹立在岡山街頭已有近百年，至今依然服務著當地民眾，信步踏進裡面，氤氳氛圍，彷彿仍停留在日治大正時期一般。

博愛為仁
全民健康保險
特約診所
本診所護理業務由醫師親自執行
領藥處
腸病毒71型
腸病毒

日本東京醫專（現今東京醫科大學）的王愛育醫師診治，至於拉肚子、咳嗽之類小毛病，家家戶戶都會從成藥袋裡找相配的藥丸藥水服用，藥廠業務員每隔數月會來定期檢查替補藥袋。

說來慚愧，腦海中的岡山地圖幾乎全靠食物拼湊，想起故鄉，熟悉的地點總和「愛吃的食物」連在一起。中街尾端是同樣繁華的商業區壽天路，有一家歷史近七十年的冰店「新美冰果店」，最愛它的刀削蜜豆冰。老式製冰機打出的冰角咀嚼起來有口感，上鋪粒粒分明的紅綠豆、花生米和三、兩顆軟糖、幾片紅西瓜，一口咬下去是香蕉油味道，這樣的蜜豆冰是我懷念的古早味，不像台北的剉冰，冰體細細綿綿疊得像山一樣高聳，淋上熬得軟爛香甜的花豆、芋頭、粉圓等糖料，太大碗又太甜了。

也許我對新美蜜豆冰的偏愛是童年懷舊濾鏡使然，然這家冰店對母親有特殊意義。有一年，她帶我到冰店對面、岡山最大的戲院看瓊瑤電影《月朦朧鳥朦朧》，看完電影後心情不錯，我們走進新美點了一碗蜜豆冰，她說：「還沒結婚前，我每次到岡山找你的死鬼爸爸，他就帶我來這裡看電影、吃冰。」

說起父親，母親一貫要加上「死鬼」二字，她心中有太多怨恨，畢竟是要有多狠心，才會在結婚不過三年，女兒二歲、兒子一歲時，因賭債纏身選擇喝農藥自殺？難怪直到晚年接近失智，提及父親，母親仍「死鬼」、「賭鬼」不離口，甚至說他「早死早超生」，畢竟父親好賭成性，戒

擁有七十年歷史的「新美冰果室」，一碗刀削蜜豆冰是數不盡的鄉愁。

不掉賭博的話，活著也只會讓妻兒跟著吃苦頭。但很偶爾很偶爾，從她口中流瀉出一、兩句的溫柔回憶，又讓我覺得她很愛父親，守寡多年，未曾忘記過這生命中唯一的男人。吃蜜豆冰那天，她帶著女兒看愛情電影，即勾起為數不多的甜美回憶。

十五歲北上念高中，「為什麼不念台南女中或者高雄女中呢？」常有人問。表面上的理由是母親是北部人，少女時代成績好卻因家貧無法升學，因此希望我念北一女中替她圓夢。這當然也是真的，但內心深處我知道自己對於故鄉的情感很複雜，青春期時無比渴望逃離到沒人認識的新環境。自尊心強的少女對於左鄰右舍鄰居、同學人人皆知你有個賭鬼父親，甚至直面「稱讚」我又考第一名「真的歹竹出好筍喔」，玻璃心一次次碎滿地。記得一次不小心聽到國中同學背後議論我吃冷便當，「她為什麼都不蒸便當，繳不起熱便當費嗎？」真相是，我的便當是母親每天晨起新鮮做的，她說現做的菜不蒸會更好吃，只是從此之後我就再也不吃冷便當了。

這些點滴讓青春期太難熬，考到台北念高中是最理直氣壯的逃離。

離家北上後，每每向新朋友自我介紹是岡山人，侃侃說起岡山的地理位置在台南和高雄之間，與潮州、鳳山並列為南台三大鎮，對方的反應常是：「岡山啊，我知道，羊肉和豆瓣醬很出名。」接著說：「那你應該是空軍眷村吧？你說國語就像外省人。」不、不、不，我總有點發窘：

岡山香火盛極數百年的媽祖廟壽天宮，是當地信仰中心。

「我是正港本省人啦。」其實哪管本省或外省，眷村文化早已融為岡山人的一部分，食物當然是最好的融合媒介。每次回娘家翌日，母親準備的早餐，夏天常見麻辣鮮香的四川涼麵，冬天則常見小洞天甜鹹燒餅，皆來自空軍眷村旁欣欣外省市場的老攤。

根據台大教授、飲食文化學者逯耀東考據，川味紅燒牛肉麵的源起不是在中國四川，而是在台灣岡山。四川的豆瓣醬用的是蠶豆發酵而成，台灣紅燒牛肉麵用的豆瓣醬則是岡山產製的黃豆豆瓣醬，台灣蠶豆不易找，岡山眷村巧手媽媽們改用黃豆發酵，之後再用豆瓣醬燒牛肉麵，美味一步步從竹籬笆裡傳出村外，最終成為台灣美食代表。逯耀東的考據有其道理，但因牛是耕田好幫手，家裡不准吃，從未在小鎮品嘗過牛肉麵滋味，惟豆瓣醬確確實實是岡山人的家常味，街上任何一家羊肉店必備沾料就是偏甜口味的辣豆瓣醬。南部人愛吃甜，辛辣的川味豆瓣醬到了這塊土地，也得跟著適應風土做出調整。

原日本海軍航空隊宿舍群，國民政府接收後，改為空軍官校飛行教官宿舍的「醒村」，於一九五一年修復後的景象。

（圖／高雄市岡山眷村文化協會）

豆瓣醬之外：岡山老眷村

孩童時隱隱知道岡山有不少外省老兵，曾有人想介紹母親改嫁給一個老實的「老芋仔」阿伯。直到上了國中，與來自眷村的同學成為好友，才對耳聞的空軍眷村有了具體認知。原來，岡山眷村真不少，從空軍官校大門口出來，沿著介壽西路一連串眷村緊緊相鄰，包括筧橋村、醒村、實踐村、大鵬村、新生村、勵志村等等，總共十八個眷村聚落。眷村也是分階級的，最高級的當屬醒村，其次是樂群新村，都是日式建築聚落。醒村歷史悠久，早在日治時期就是日本海軍航空隊的宿舍群，花木扶疏景觀優美，建築則是巴洛克風的拱圈迴廊二層洋樓，村內還有俱樂部、舞廳。民國三十八年，中國大陸空軍三校跨越海峽遷至岡山，成立中華民國空軍軍官學校，分配飛行教官們居住於此，並改名為醒村，以紀念同名的杭州筧橋中央航空學校宿舍。

醒村自成神祕小世界，飛官家庭洋氣的生活型態，和一般小鎮居民天差地遠，也與其他平民化眷村拉開距離。後來興建的十幾個眷村，大抵是標準化的低矮水泥眷舍。許多眷村同學出自「芋仔番薯配」家庭，台灣女郎嫁給來自大江南北的官兵，台灣媽媽在竹籬笆內養出國台語雙聲帶皆流利的外省第二代。一次，同學過生日，她家小紅門小院子，綠色植物爬滿水泥圍牆，客廳、廚房都小小的，房間雖窘迫，卻隔出一個

綠蔭圍繞下的醒村，見證了岡山百年的空軍史。

低矮閣樓當作她的臥室。孩子們的心與眼看不見眷村居住環境的因陋就簡，也不懂土生土長本地人擁有一片田地可耕種，家門口有一片「埕」可晒稻穀是多麼珍貴。少女各有各的煩惱：我阿公說今年田裡的蘿蔔太豐收，賤價沒人買；眷村同學說媽媽老為她們的學費、補習費頭疼、爸爸常因酒後思念海峽對岸的親人而默默流淚。

如今，岡山老眷村已走入歷史，外觀雜亂時常淹水的眷村全數拆除，住民們或高興或傷感地搬進國宅社區大樓，「唯二」沒被推倒的僅剩醒村和樂群新村。二〇一七年，醒村被登錄為文化資產，化身眷村景觀公園，並常設空軍歷史文物展，電視劇《一把青》曾到此拍攝。數公傾的園區，樹齡數十年的老樹鬱鬱蒼蒼，小洋樓的斷垣殘壁在政府保存計畫下有望逐漸修復。想了解中華民國空軍歷史，走一趟岡山，可以看看空軍官校、空軍軍史館及航空教育展示館，也有老眷村生活化場域可追擬。

記憶隨母親而消逝

前幾年清明節回鄉掃墓，父親墓前清香祝禱、燒完紙錢後，原想隨意看看周圍住了哪些「鄰居」，一看墓碑上鐫刻的來處，心神大受震動，這些來自山東曲阜、湖南耒陽、四川成都、雲南玉溪、浙江台州，甚至甘肅蘭州……，五湖四海大江南北的長輩們，少小離家從軍時，定沒料想到最終會埋骨於此。徘徊許久，忽然覺得這一塊塊墓碑其實如同一株株老樹，護佑其子子孫孫在這片新土地上扎根定居枝繁葉茂。

曾好奇研究故鄉與軍事的淵源，發現往上可溯源至十七世紀鄭成功時期。岡山位於南來北往的交通要衝，東邊有著大崗山、小崗山兩座小山頭盤踞，鄭氏父子經營南台時即派軍屯守。到了天地會林爽文抗清，民眾在大崗山豎起反清復明旗幟，清廷平亂之後就在小崗山下的阿公店水庫設置駐防兵力。二次大戰期間，為了南進野心，日本軍部在岡山好幾個據點設立「飛行場」以及「海軍61航空廠」，

站在「崗山之眼」的天空廊道上，近處的大高雄平原與遠處的台灣海峽，盡收眼簾。

訓練飛行員以及戰機的整修裝配，全盛期全台上萬人在岡山各軍事據點工作。當然，隨著日本逐步將岡山建設成本土以外最重要的軍事基地，美軍也鎖定岡山作為攻擊目標。二戰末期，岡山曾遭遇大規模的盟軍轟炸攻擊。我阿公講日語、台語，終身討厭國民黨，和阿嬤都曾說起少年時期如何躲防空洞，岡山街上的店家每隔一段時間就要做防空避難演練。

小學時年年遠足的目的地，一定是阿公店水庫，一大群小朋友們走到水庫旁綠蔭下野餐。記憶中我們會在途中嘰嘰喳喳指著遠方山頂上白白圓圓的筒狀建物，有人說是碉堡、有人說是砲台，也有人猜是巨型望遠鏡，老師說：「小孩子沒知識也要有常識，那個叫做雷達。」大崗山山頂的雷達站還在呢，但今日大小崗山早已脫下軍綠色制服，除了少數營區，大部分已解除軍事管制，廢棄的炮台碉堡和坑道洞穴變身觀光景點，成為高雄人熱愛的郊區風景，週末假日登山人潮不斷。小崗山前幾年趕熱潮，在制高點上蓋了美醜難辨的「崗山之眼」，七層樓高的橋型天空廊道，置身其上，大高雄平原一覽無遺，天氣好時可遠眺北大武山，望見台灣海峽。

現在的岡山再也不是「鎮」，整個大高雄，更鄉下的田寮鄉、燕巢鄉……，全都屬於大高雄「市」，不再有鄉鎮之別，一律是看不出個性的「區」。媽媽離世十一年了，這一點那一點屬於我的小鎮記憶，慢慢成為歷史化為煙塵了，如日式舊火車站沒能走過二十世紀末，列入歷史建物後搬遷前夕半夜被一把惡火燒光。岡山區跟著時代一直往前走，擁有很漂亮的捷運站、整個高雄最大間的 UNIQLO 路面店、規畫完整房價上千萬的新社區……。隨著大高雄市整體發展規畫，岡山一定愈來愈城市化去鄉鎮感。當年少女曾經想逃離的、雞犬相聞鄰里皆熟識的小鎮鄉里人際網絡，也許在不久的未來，將俱成傳說。

而這一切，除了驚嘆祝福，我已無從置喙。小學五年級學會騎腳踏車之後，探索的範圍從住家擴展到幾公里以外的補習班，每每把腳踏車騎得飛快，制服裙子鼓起，偶爾放開雙手，感受風的自由滋味……，騎啊騎，我早已離家太遠、離鄉太久。◇

吳晟，曾任教溪州國中、兼任多所院校駐校作家與講師，現專事耕讀。一九八〇年應邀美國愛荷華大學「國際作家工作坊」，二〇二〇年獲頒東華大學名譽文學博士。著有《泥土》、《農婦》、《店仔頭》等。

吳晟——彰化溪州

黑泥農鄉

濁水溪賦予沃野平疇，孕育豐富農產
也哺養了無數代彰化尾的溪州鄉親
一輩子在同個地方耕讀，教養子弟綿延
對於吳晟而言，是畢生莫大的福分

海島台灣，山脈遍布，尤以中央山脈，南北綿亙，占全島面積約七〇%。曾經，這座島嶼的崇山峻嶺，鬱鬱蔥蔥，雨量豐沛，河川溪流密集，是水溶溶的世界。早期先民為聚落命名時，除了以植物為名，如樹林、林內、竹圍、竹仔湖、茄冬腳、樟湖、茅埔、蘆竹、楓港、九芎林、莿桐腳、檳榔林、苦苓林、鳥松腳……，或以地形特徵來命名，如坑、崙、湖、坪、崎、壢、墘、崁、湳、潭、窟……，更多是和水有關的地名，如清水、濁水、淡水、溪洲、內湖、溪埔、溪底、水頭、水尾、三條圳、五條溝、水底寮……等等，不可勝數。

在全島眾多和水相關的地名中，有一處地方，是我承續父祖輩，從年幼至今已老邁，一輩子定居於斯的所在；那就是位於濁水溪畔的溪州鄉。

溪州鄉在彰化縣的最南端，緊鄰濁水溪，和「對岸」的雲林縣相望。一九五三年通車的西螺大橋，兩端便是坐落在溪州鄉及西螺鎮。

回顧歷史，此地原是濁水溪流域沖積而成的沙洲、浮覆之地，歷經築堤、鑿水圳，數代先祖辛勤撿拾石塊，改良土質，才開墾成如今肥沃富庶的農鄉。

一九六二年的濁水溪下游，舢舨靜靜停泊在溪畔，猶見水量豐沛景象。及至二〇〇一年集集攔河堰完工後，此情此景已不復見。

（攝影／阿郎兄）

不過，我常須強調，溪州的「州」，是沒有三點水的州。據說，是因為日本統治台灣後，實施市街庄制時，改稱為溪州庄，庄役場設在今日的溪州村，才延續成今日的鄉名。

溪州鄉的地形狹長，東西長約十三．五公里。公所、衛生所、郵局、農會、國民中學、商街……等行政中心，集中在最西邊的溪州村街區。對外交通，並不「偏遠」。其一，台一線通過溪州街區；其二，高速公路北斗交流道，直通溪州，與台一線相接；其三，距離台灣高鐵彰化站（田中），最接近的村莊車程僅需數分鐘，最遠的村莊也只需二十分鐘左右的車程。

台第一條官設埤圳

至今溪州鄉仍維持農鄉面貌，鄉親大多以務農為主。全鄉的灌溉，主要仰賴一條水圳，貫穿其間。這條水圳正式的名稱是「莿仔埤圳」，不過大多數鄉民仍習慣以台語叫它「大圳」。

童年自在優游的莿仔埤圳，如今橫遭水泥禁錮。

別看大圳不壯觀，它在台灣的農田水利灌溉史上，可是赫赫有名。從清代乾隆年間，漢人陸續來台墾拓，人工開鑿渠道，莿仔埤圳便是其中重要的一條。日治初期，歸入公共埤圳，由日本政府進行修建工程，乃是台灣第一條官設的埤圳。

莿仔埤圳的水，引自濁水溪。圳頭設於溪州鄉最東邊，大庄村與榮光村交界處的堤岸邊。有十二個水門，水流源源不絕，雖然略為湍急，但流速穩定，好像一道平順的輸送帶。不只流經溪州鄉的十九個村落，更將濁水往下游的埤頭、竹塘、大城等鄉鎮輸送，灌溉萬頃農田，是農田的命脈。

圳水由東向西流而出海，大圳，日復一日流動，也曾是我們全村男孩的滑水道，是我們的游泳池，是我們放學回家時的「交通路徑」。

我就讀的國小，相對於我家，屬於大圳的上游，距離村莊約三公里。那個年代的鄉下小孩沒有鞋子穿，上下學都赤足徒步。入夏之後的碎石路非常燙熱，走路真辛苦，放學後，我們都捨「陸路」而走「水路」。全村男孩很有默契，放了學一出校門，就走到圳邊，脫下衣物，連同書包交給比較「沒膽」的低年級生，

作者吳晟（後排左二）壯年時的家族合照。（圖／吳晟提供）

或者哪個猜拳輸了的同學，只好走陸路幫忙「運送」大家的衣服、書包。毫無「裝備」的男孩，就跳入大圳，一路「仰躺」順水流，在到達村莊口時才登陸，再穿上乾衣服，若無其事地回家。

大圳「路」，便利又清涼。夏日午後，村莊男孩也常不約而同，相聚到圳邊，褪去全身衣物，赤條條縱身躍入大圳裡，展現自創的狗爬式泳姿，隨水勢載浮載沉，整條大圳迴盪著奔逐戲水的歡叫聲。

少年時的情景，猶歷歷在目。

但可惜的是，主要為了充足供應雲林麥寮六輕需求大量工業用水，花費三百多億元興建的「集集攔河堰」，二〇〇一年完工以及啟用後，將濁水溪中上游所有水源攔截，採取中央集權管控，統一支配水量，各區農田必須輪流灌溉，圳水的流動也被調配，因而有「供四停六」或「供幾停幾」等詞語。同時，為了確保水源不「浪費」，集集攔河堰管轄下的所有水圳（當然包括莿仔埤圳在內），重新修築河道，砌造成U形水泥牆河岸，高聳矗立；還有誰敢下去「游泳」？

大圳也從此失去小孩們嬉鬧玩耍的歡笑聲。

不過近年來，陸續有年輕人帶起農鄉的導覽，導覽景點之一，當然不能錯過貫穿溪州鄉的百年大圳。不少朋友初來乍到，一看圳水，往往大驚，這水怎麼這麼黑？甚至誤以為是「髒」？其實濁水溪的水，最大的特質便是「濁」。高山峻嶺的上游，地質多屬易受侵蝕的山壁片岩、頁岩、砂岩、板岩，不斷崩解，滔滔水流挾帶著大量泥沙奔騰而下，俗稱鐵板沙，隨水流灌溉農田，泥沙逐漸沉積而成有黏性、又含豐富有機質的黑色土壤，簡稱黑泥，因為很珍貴，鄉裡人又戲稱為「黑金」。

農鄉憶往

上百年來，濁水溪沿岸的廣袤農田，仰賴濁水灌溉。黑泥地上，主要種植的作物是水稻。收成的稻穀，碾成米、煮成飯後，黏度適中，套用一句廣告詞：有點黏又不會太黏，滋味Q軟香甜，特別好吃；真的是什麼樣的水土，孕育出什麼樣的作物。

近數十年來，溪州鄉民的種作，逐漸朝向多樣化。越來越多的水稻田，轉變為種植甘藍菜、包心菜、高麗菜……等蔬菜；也有馬拉巴栗、花卉等，苦瓜、蘆筍、小黃瓜……都有人栽種。當然，小番茄等水果也少不了。現今最興盛的就是俗稱芭樂（拔拉）的番石榴。因為品質佳、銷售快，大小集貨場設在溪州鄉，收購芭樂；消費刺激生產，兩者相輔相成，形成台灣重要的芭樂產地。

為什麼溪州芭樂特別好吃？當然是因為肥沃的黑色土壤；而黑泥哪裡來？當然是濁水溪水流挾帶而來。我常提醒鄉親要懂得珍惜，顧好水源，才能永保孕育生命的家鄉土地。

溪州鄉於二〇一一年到二〇一二年間，曾經歷過反中科搶水運動，成功守護住莿仔埤圳的灌溉用水，也抵抗過汙染性工業的進駐，至今仍維持住農鄉面貌。黑泥農鄉，最大特色除了黑泥與濁水之外，還有一大特徵，那就是台糖土地的占比，相較於其他鄉鎮算高。

高鐵快速通過溪州，橋墩下的高麗菜田慢慢生長。濁水挾帶上游山壁砂岩，落地成為最肥沃的土壤，滋養人，也孕育一切生命。

台糖在溪州鄉的歷史，可追溯到一九〇七年。當時日治時期，富豪林氏決定在溪州創辦糖廠，藉由官府權力強制收買民地、設立臨時土地發配所，辦理此項土地買賣手續。所屬「農場地」，總面積約一千多公頃。

一九〇八年，正式成立林本源製糖合名會社，除了會社所屬農場種植甘蔗，也獎勵民間種植。為運送甘蔗之便，以糖廠為中心，向各地農場鋪設鐵道，通稱「五分仔車」。

一九一二年（大正元年），改名為林本源製糖廠；次年又改名為林本源製糖株式會社。廠區（含工廠、辦公廳及宿舍群）占地約二十多公頃。另在多處農場設「事務所」。

一九四〇年代初，太平洋戰爭爆發，糖廠屬日本政府重要設備所在，成為聯盟國（美軍）飛機轟炸、掃射目標，廠區受創嚴重。

一九四五年，太平洋戰爭結束，中國國民黨政府渡海來台統治，凡屬日本人公私財產者，皆歸國民政府所有。糖廠由國民政府接管，時局動盪，多次更名。

日治時的林本源製糖株式會社，國府接收後成台灣糖業公司溪州糖廠。曾是台糖重鎮的溪州，亦曾經歷繁華。（攝影／阿郎兄）

吳晟自宅闢建的書屋，裡頭滿是他多年來藏書，愛書如癡的他，從不吝對外開放。

一九四七年更名為「資源委員會台灣省政府台灣糖業公司溪州糖廠」，爾後簡稱「台糖」。

一九五四年，台灣糖業諸多因素，失去國際競爭力，快速沒落，日治時期留下的四十多所糖廠，逐年陸續關閉，停止生產，溪州糖廠即是首波關廠並逐漸毀棄的例子。

一九五五年，台糖總公司部分處室搬到溪州糖廠來辦公，利用原有廠房、倉庫改建成辦公廳，宿舍區則保留，分配給員工使用。溪州糖廠恢復生機，帶動溪州街區商機。一九六八年，曾經短暫設立於此的台糖員工訓練所，又由台中潭子搬回這裡。溪州鄉儼然成為台糖公司的重鎮。這十多年間（一九五五至一九七〇），是溪州街區最繁盛時期。

全國面積最大的平地公園

由於員工多、家眷多、來賓多、消費量大，小小溪州市街，就有二家大戲院、

二〇一四年，彰化縣府將原台糖土地轉型的花博公園以及森林區、苗木區土地接連起來，擴大為一百二十三公頃的「溪州公園」，是全台最大平地公園。園內林木扶疏，最宜徜徉散步。

三家大餐館、五間酒家、多家旅社，郵局、電信局、冰菓室、五金行、醫院、百貨行、大菜市場……，生活需求應有盡有，幾乎比鄰近的北斗鎮、西螺鎮，還要繁華熱鬧。

然而，一九七〇年，台糖總公司遷回台北；隔年，員工訓練所遷往台南糖業研究所。

人去、樓空、房荒廢；溪州糖廠迅即沒落。一九七一年，溪州糖廠所有廠房、財產，撥交溪湖糖廠管理。

但溪湖糖廠如何管理呢？

一、毀棄（或放任毀棄）所有廠房、辦公廳、宿舍群，包括水井、水池等相關生產設備；包括曾經的招待所「拾翠樓」，荒廢後全部拆除。

二、販賣大樹，或假「移植」之名、假「建設」之名，處理掉樹木。約二十多公頃的原糖廠園區，眾多何其珍貴的大樹，如樟樹、九芎、台灣黑檀、羅漢松、茄冬、桃花心木……早已所剩無幾。

三、蓋住宅，出租或標售土地；一地一地切割，變更為建築用地、工業用地、商業用地……蠶食鯨吞。其餘，任其荒蕪（閒置），任由地方勢力占用，沒有任何願景規畫。二十多公頃原台糖園區，只留下占地面積二．三公頃的「溪州森林公園」，二〇〇〇年啟用。

台糖公司在溪州鄉的土地，其中有一塊，約二十一公頃，原本種甘蔗，二〇〇四年時，由彰化縣政府承租下來，闢建成舉辦台灣花卉博覽會的會場。園區內綠樹草坪，還有一處大型生態池，「魚兒水中游，鴨鵝戲綠波」，景

吳晟與太太、兒女及媽媽在自宅前合照。（圖／吳晟提供）

致開闊美麗。博覽會結束後，園區轉型為常設性質的花博公園，續由縣府向台糖公司承租、管理。每年春節，舉辦為期半個月到一個月「花在彰化」展覽活動，熱鬧滾滾；平時則做為縣民旅遊、休憩、舒展筋骨之用的多元休閒園區。

花博公園後門，緊鄰著台糖的平地造林區。約五十公頃的平地造林區，又稱森林區，於二〇〇四年種下小樹苗，日日夜夜生長著。森林區再過去，是縣府二〇一二年設立的景觀苗木生產專區，俗稱苗木區，約五十三公頃。

這三區，原本都是台糖所屬農地，每一區各有不同的歷史。二〇一四年縣府重新規畫，將花博公園、森林區及苗木區接連起來，闢建自行車道相連，擴大到一百二十三公頃，取名為備受爭議的「費茲洛公園」，經鄉民抗議，譏諷其為「肥豬肉公園」，二〇一六年才正名為「溪州公園」。

一生一戶籍的幸福

溪州公園，於是成為全國面積最大的平地公園，約為台北大安森林公園的四．

七倍大。

不少鄉親會來此散步、運動、走路，我也是。尤其，森林區都是樹，設施簡樸，只有兩項「建設」，更令人喜歡。其一是穿越樹林，闢建一條水泥自行車道，中間有分隔島，汽車也可以通行，延伸、直達景觀苗木園區。另一項是在樹林中，迂迴環繞，在一排樹與一排樹之間，鋪設寬約一百八十公分及一百五十公分的木棧道，取名為「芬多精步道」。

以我平常的步伐計算，步道總長約一千八百步；約有一千五百公尺吧！漫步、徜徉、健走皆宜。步道延伸出幾處小平台，可歇息、做瑜伽、打太極拳等。木棧道、木棧平台，皆以不毀損樹木為原則。每天都有鄉親來行走，清晨、傍晚時段人最多；假日更有不少外地鄉鎮遊客，人流不斷。不過，大家都專注靜默，各走各的，遇到相識熟人，點頭、笑一笑、揮揮手，打聲招呼，很少停下來開講，更不可能有喧譁。

森林區分區種植苦楝樹、無患子、光蠟樹、茄冬等落葉、半落葉性台灣原生

太陽西沉，壯美的西螺大橋下，溪水不再浩蕩，唯一不變的是吳晟對故鄉土地的永恆眷念。

喬木，鬱鬱蒼蒼，四季景致悄悄變換。

春風輕柔吹拂，喚醒新葉萌發，嫩綠青翠，生機盎然；滿園細緻花穗爭相綻放，以苦楝樹淡紫、粉紫、深紫色，夢幻而迷離的光，最令人沉醉。

炎炎夏日，樹冠飽滿，開展傘狀繁盛綠葉，遮蔽芬多精步道，清風微微，去除暑熱之氣，十分蔭涼；又有蟬聲鳥鳴相伴。整個園區綠草如茵，瀰漫著芬多精氣息。

秋冬季節落葉紛紛，光禿禿枝條，寂寥而蕭瑟之感，略有「歐洲風情」。苦苓子、無患子果實掉落，常見鄉親蹲下身，滿地找尋，撿拾果實，帶回去做天然的手工肥皂等，讓我興起珍惜大自然資源的感動。

黑泥農鄉，得天獨厚呀。而我有幸出生在這裡，也將在這裡老去。一輩子的戶籍所在地與通訊處，都在同一個地方，無須更換。在平穩的鄉居生活中，耕讀，教養一代又一代，是莫大的福分。◇

阮義忠，攝影生涯四十多年來，跋山涉水，深入鄉土[illegible]，尋找動人細節，拍攝大量以百姓日常生活為題材的珍貴照片，作品也成了台灣獨一無二的民間生活史冊；並廣為法國、英國、中國等各地美術館典藏。

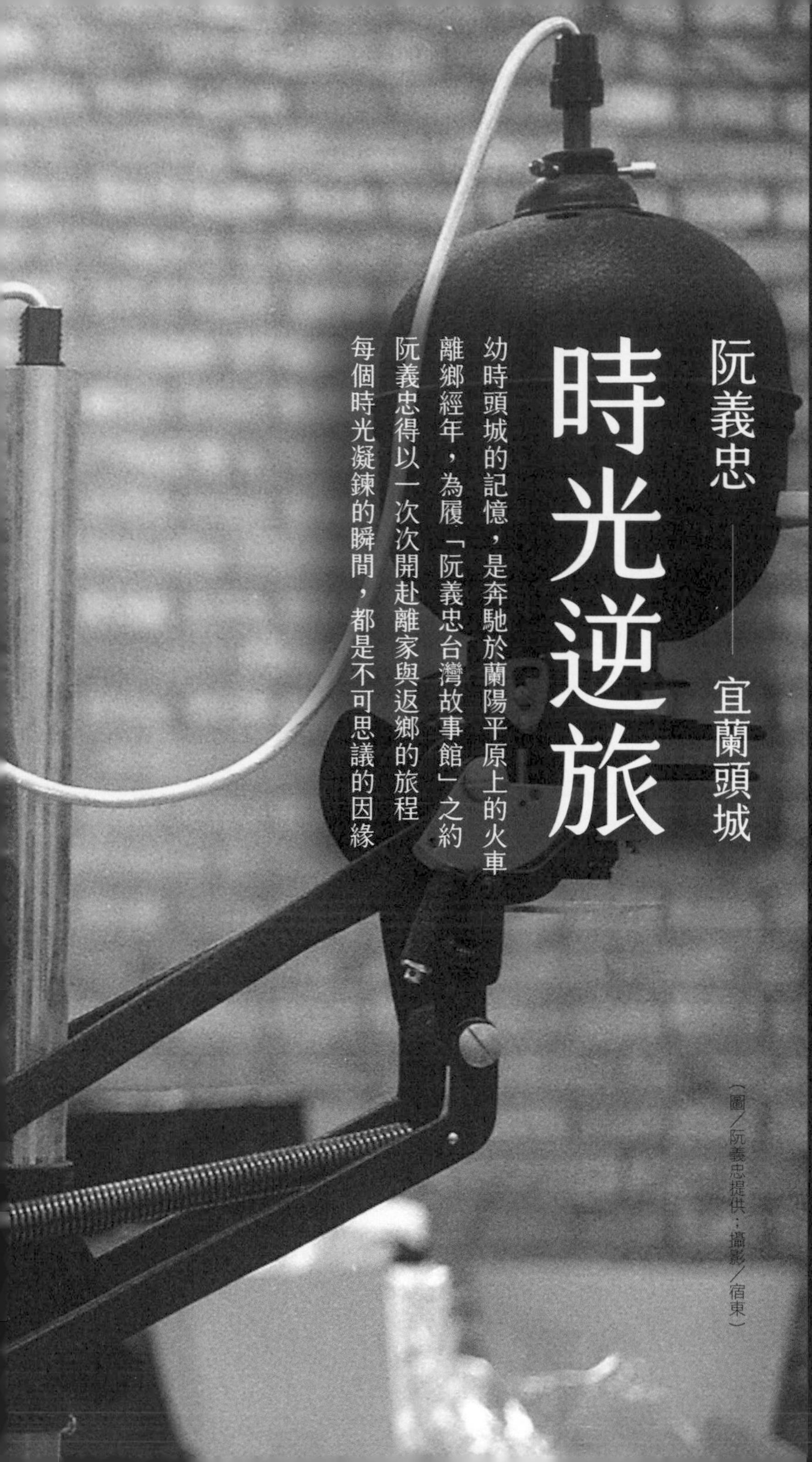

阮義忠——宜蘭頭城

時光逆旅

幼時頭城的記憶，是奔馳於蘭陽平原上的火車

離鄉經年，為履「阮義忠台灣故事館」之約

阮義忠得以一次次開赴離家與返鄉的旅程

每個時光凝鍊的瞬間，都是不可思議的因緣

（圖／阮義忠提供；攝影／宿東）

人生的旅程用最少字概括，那就是：離家與返鄉的過程。最不幸莫過於有家歸不得、無鄉可回。我小時候就逃過家，大學聯考一落榜更是迫不及待去台北謀職，從那時起便只有過年過節才會不太甘願地回家。在外闖蕩半個世紀，臨老還能回到家鄉安身，實在幸運。

載我走吧，火車！

幼時的頭城是個長年處於沉睡狀態的所在，當年還沒有濱海公路，北宜公路則是經常有車墜崖，司機在九彎十八拐的碎石子路單行道上開車，會沿路撒冥紙以求消災解厄。對外交通以火車最為安全便利，那條橫切在蘭陽平原上的鐵軌，自小就是我憧憬外面大千世界的觸媒。

白天，貫穿鎮中心的開蘭路上人沒幾個，狗沒幾頭，日日月月碰到的面孔都是那幾張，還老是一樣的肅穆。一切安靜得令人窒息，只有從月台方向傳過來的火車聲才會讓我稍微安心：這個鎮沒被外人遺忘。

家族合影，當時最疼愛阮義忠（站立左一）的祖母仍在世（上圖）。民國四十七年元旦拍攝的全家福，前排左一的阮義忠八歲（左圖）。

（圖／阮義忠提供）

夜彷彿特別早降臨這個閉關自守的小鎮；每星期六晚上才會出現的賣藥郎中，頂多能把魔術及功夫把戲耍到八點，然後，再怎麼汗流浹背、聲嘶力竭地使出壓軸噱頭，也吆喝不回紛紛散去的鎮民。眾人不吭氣地分道揚鑣，回家就寢，彷彿多留片刻就會被視為浪蕩了。

於是，天上的星光也像沒充足電似的漸漸黯淡，空氣如急速冷凍般地僵了，大部分鄉親也結結實實地進入了夢鄉……這絕對算不上是道地的夜吧？但狗已經吠了，貓也頻頻叫春。我家後頭，幾戶鄰居所養的公雞又在亂啼晨，大概是鎮民太早上床，攪亂了晝夜的正常運行，讓牠們的作息也反常了。

而我，幾乎天天在這個不是半夜的半夜時分，睜眼側臥在硬邦邦的木板床上，等待由宜蘭開往台北的末班慢車；聽著它進入月台，聽著它駛出這個令人悶得發慌的無趣小鎮。

火車站離我家有五、六分鐘步程，但是在沉睡的鎮上，一切細微的聲源都如同經過音響設備的好喇叭擴大，傳真又攝神。咯咯、咯咯、咯咯——由遠而近、由弱而強的轆軌聲終於傳來了；起山風而順向時，會讓人以為這列火車就從門前駛過。

「把我載走吧，把我載走吧！把我帶到終點站台北，讓我離開這個連鬼都不願意待的地方吧！」在數不清的夜晚，我的心隨著轆軌的節奏跳著、盼望著，

畫家楊乾鐘是阮義忠讀頭城國小時的老師。阮家老宅在其筆下，因多雨而長滿青苔的牆壁，與藍天碧水相輝映。（圖／阮義忠提供）

一九七八年，阮義忠從北宜公路九彎十八拐路段俯瞰頭城鎮，留下這幀山水畫般的影像。畫面由遠而近：雲朵、龜山島、太平洋、聚落和水田，作者生命的起點也由此展開。

不甘願地在寂靜重臨時怨怨入眠。

第一次出走

在那時，我不但從沒搭過火車，連鎮外也沒走出過。很快地，我終於搭上了火車。然而，這第一次的經驗非但沒讓我有如願以償的滿足感，還像沉淪於噩夢般地驚懼及絕望。

初二下學期，我被退學了。我選擇離家出走來躲避立即會降臨的羞辱及處罰。當我在天還未亮，摸黑溜出家門趕到月台時，只覺得手腳發軟、百感交集。這一去，是不是和親人永別了？淚在眼眶裡打轉，心頭陣陣絞痛。

火車頭的探射燈老遠就打過來，刺眼的光令我一時目盲，那再熟悉不過的輾軌聲竟然像失了音一般，傳不進我的耳膜。腦際間只有一大堆問號：我要怎麼度過今天、挨過明天？前途在哪裡？我毫無準備，不知如何應付。淚水滴落兩頰時，我攀握手把、踩上板階、進入車廂、無聲地飲泣。

火車才出月台，海邊的天際就露出晨曦；途經外澳、龜山、大溪、石城幾個小站，視野豁然開朗。我經常遠視遐思的龜山島聳立在汪汪的太平洋上，隨著火車彎來彎去，像會動似地在大海中慢慢轉身，等到頭和尾巴完全倒過來，我知道，自己已真正的離開了故鄉。

這次離家出走只維持了三天。第一天在台北後火車站被職業介紹所騙走身上僅有的一百多元，第二天在植物園附近的南海路差點被急駛而過的摩托車撞死。還好一位善心婦人幫我雇了三輪車，將我載到遷居台北的同鄉家。

借了回頭城的火車票錢，我又搭了已經沒有半點夢的痕跡的髒火車，厚著臉皮賴回家裡。爸爸的一頓狠打，硬是忍了一個禮拜，看我無膽再度出走之後，才劈里啪啦地落在我的身上。那時，我覺得自己的童年永遠過去了。

龜山島的子孫

頭城面積狹長，一邊靠山一邊靠海，鎮民半數務農、半數討海，開蘭路則被稱為頭城大街，多為商家或手藝鋪。我家位於開蘭路中段，站在家門口，往左往右擺擺頭，便能將所有商店看個遍。老家後方的和平街頭、尾各有一座土地公廟，當中那間蘭陽的第一座媽祖廟慶元宮，也只是在拜拜時較有人煙。平時家家戶戶習慣房門緊閉，少有人在外閒蕩。

其實頭城也不是沒有過輝煌，它舊稱「頭圍」，是一七七六年（清乾隆五十九年）吳沙入蘭陽開墾的第一站。現存的和平老街雖只短短六百公尺，在早年可是赫赫有名的「十三行」（清代港口附近對外貿易行郊的總稱），商號、貨倉一間接一間，興旺得很。

靠山的拔雅里我倒是常去，幾座竹圍散居在田畝之間，其中一戶就是外婆家。童年比較甜蜜的回憶幾乎都跟祖母、外祖母有關，她倆是親戚，都姓藍，同樣來自頭城外海十公里處的龜山島，是隨先民從唐山飄洋渡海來台的移民子孫。

祖父在我剛懂事不久就離開了人間，因此阮家的一切都由祖母掌管；除了大伯、二伯，其他五位叔伯包括我爸爸在內，都住在一幢兩層樓的大宅內，沒有分

對阮義忠而言，龜山島是猶如擁有生命一般的存在，高興時就露出臉來，不高興就以雲朵半遮面。

躺在海天一隅的
龜山島，靜靜地
看著頭城海邊的
衝浪客。

家。祖母非常有威嚴，不必發號司令，所有人就會對她恭恭敬敬、順順從從，看到孫子卻總是笑逐顏開。她曾經彌留兩次，大家準備好後事，連靈堂都搭了，她又回神過來。第三次，家族上上下下半信半疑地又等了一兩天，才膽敢像辦喜事那樣舉行了喪禮。

她最喜歡在入睡前叫孫兒搥腿，而且特別喜歡我來搥。大家常說我是令人頭痛的怪小孩，可是祖母卻總是誇我好寶寶。光是這一點，就足夠幫我度過難熬的童年，讓我把幼時的受傷經驗化為日後的創作泉源。祖母雖目不識丁，記性卻特別好，鎮上的大小事情都瞭然於胸，遇到任何是非，總用朗朗笑聲化解一切尷尬與不快。不管什麼年頭，日子如何難熬，祖母總是心滿意足地過著每一天；走了以後，也依然留在每個人的心坎裡。

外婆的命運就截然不同了。一想到她，就會憶起她往生的那天。讀小學的我放學回家，一進屋，父親的木工學徒就表情詭異地對我說：「你外婆湯鞦韆去囉！」再往裡走，屋裡空蕩蕩的，一個人也沒，所有人都去拔雅里了。

颱風來襲時的小島，一方面鎮日陰雨，另方面雨停時分，又霞光萬丈，只是這樣的畫面往往曇花一現，瞬間即逝。

外公去世得早，外婆跟舅舅們守著幾畝薄田，鎮日忙個不停，收成卻還不夠還債。平時勉強過得去，可絕不能有人生病，無奈外公長年臥病，舅舅又患了甲狀腺腫大，必須時常抓藥。得知自己患了癌症，她就連多一天的擔子也不願意讓別人扛，每每想到這裡，我就難過得想哭。

媽媽不懂避孕，從我有記憶起，她就一直在生小孩，兩年一個，生完隔天就下床做事，根本來不及照顧，所以每個小孩都曾住過外婆家。我又是最常去的，只要一捅婁子，大人就把我往拔雅里送。那真是我所認識的最苦的人家了，餐桌上少有葷食，除了蔬菜、地瓜，就是醃得死鹹的醬瓜、豆腐乳。豬是養來賣的、雞鴨是過年過節祭祖用的，所有食物都自家生產，能不花錢就不花錢。就連電燈也沒，天很黑了才點蠟燭，為了惜火，大家都得早早睡覺。夜裡偎在外婆的懷裡，我才知道，他們的被窩比家裡的還硬、還重、還不暖。

日子這麼苦，我卻不曾看過外婆愁眉苦臉，她總是說，下一季的收成一定會比這一季足，明年的冬天一定會比今年暖。記得小時候拿過的零用錢，面額最大的還是外婆給的，以所得與付出的比例來說，她是我這輩子見過最慷慨的人。

誤把龜山當雞籠

日子這麼苦，外婆卻栽培出十分爭氣的兒女，只可惜她一點也沒享受到他們的成就。以我的理解，外婆真的是一名最棒的母親、最好的老師，雖然不識字，卻有很好的洞察力，經常告訴我：「阿忠啊，人家不喜歡你，是因為他們不了解你。只要你認真努力，將來一定出頭天，會比我認識的所有人都有出息！」我總以為她是在哄我。

祖母與外婆的豪爽大方，同樣反應在龜山島的親戚身上。有位龜山阿舅打魚維生，每回出海回來都會在鎮郊的大溪漁港靠岸。到街上採辦日用品時，總會順道經過我們家，送來當次最高檔的魚獲。龍蝦、石斑魚這等珍饈就連有錢人家也只能點綴著買，我們家卻經常吃得到。把最好的東西送人——這罕見的美德卻是龜山島民的天性。

龜山島海拔四百公尺，面積僅二．八四平方公里，曾為頭城的一個里，居民最多達千餘人。祖先們在清朝咸豐三年（一八五三年）農曆十二月間，由福建乘著「順天號」貨船揚帆出發，滿載著南貨，準備在雞籠（基隆）靠岸銷售，沒想到一陣強勁北風使航向偏差，讓他們誤把龜山島當成雞籠嶼。登陸後發現鄰近海域魚量甚豐，便將家小接來墾荒。

島上生活艱困，女子多半嫁至對岸，因此人口漸減，從鼎盛時期的百戶衰退到只剩三十餘戶。一九七五年，島民於農曆六月十五舉行過一年一度的媽祖誕辰大拜拜後，盡數遷往對岸的大溪港。龜山島開始被列為管制區，直到近年才開放生態研究與觀光。

初中時我曾在龜山島祖宅過夜過，整晚輾轉反側，難以入眠；一種從未聽過的聲音周而復始、永不止息地往耳中灌。原來，龜尾巴是條長長的淺灘，灘上盡是經年累月被海濤沖洗的卵石，顆顆滾圓。浪來，它們就咕嚕咕嚕地上岸，浪退，它們又咕嚕咕嚕地下海。

雙親往生後，就連過年過節我也不回頭城了。九二一大地震後，我因記錄慈濟「希望工程」為災區重建學校而加入了慈濟功德會，每年都去花蓮跟證嚴上人圍爐。隨師十三年，接著便開始在大陸出書、教書、講座，漸漸無法密集記錄師父的行儀，但依然維持著每年回靜思精舍吃年夜飯的習慣。

隨著遊客漸多，頭城岸邊的活動多了起來。三兩馬匹閒散休憩，引來遊客好奇的眼光。

二〇一六年春節前夕，我突然特別想跟兄弟們聚聚。大哥、二哥一直守在老家，其他兄弟都住在台北，但總會回去圍爐。大年初一，晌午時分，我站在開蘭路上左右張望，感慨萬千，沒有一間房子認得，祖宅更是面目全非，只有阿公精雕的神案、父親手作的飯桌仍在。從前，在這張厚重的木桌旁有個小窗戶，窗外有口搭了棚子的水井，每天清晨街坊鄰居都會來淘米、洗菜、浣衣。我們家在牆外弄了個直通廚房的水槽，井水打上來，往槽裡一倒便會流進水缸；家裡每個小孩都要輪流打水。如今窗戶沒了，水井封了，後門的小溪溝也填平成路了。小時候，每逢下大雨，漲滿的溪水就會溢出成群成群的小螃蟹。

良緣：阮義忠台灣故事館

午餐食不知味，我放下筷子嘆氣：「老家以前的模樣完全想不起來了！」大哥忙說：「楊乾鐘老師畫過我們家，我用手機拍過那幅畫。」

楊老師是宜蘭美術教育先驅，蘭陽平原的許多學生都被他教過。那幅畫把阮

頭城綿延的海灘適合踏浪，也吸引操舟划槳者親近。台南獨木舟協會成員，對著龜山島一起舉槳合影。

家側面勾勒得一清二楚，包括那口井、井旁的鄰居、井側的小河、挑著廚餘的鄉親……童年的記憶於剎那之間聚焦。

我百感交集，跟老伴說：「想去看看龜山島。」海邊也變了，烏石港重建後潮流轉移，原先的大片沙灘流失，積聚在外澳一帶，可供露營的海邊森林公園也歇業了。坐在海堤上，腳下浪花陣陣濤聲隆隆，龜山島就在眼前。望著龜山島，往事如同影片重播，一一現前。在海風中足足呆坐兩個鐘頭，起身待走，不經意地回頭一看，不遠處有幢和我同樣近海的樓房，八樓邊間懸著仲介公司的電話看板。一時興起掏出手機，沒想到那位業務員大年初一還熱心地趕來為我服務。

二〇一七年夏天，宜蘭美術館為我舉辦了大型回顧展，我將展覽命名為「回家的路上」。開幕時有感而發：「作品回家了，人卻還沒。若是有適當場所，我倒是樂意把台北的工作室搬回來。」沒想到當時宜蘭市長江聰淵先生也在場，與我會晤不久後，便將閒置多年的縣政府員工宿舍翻修成文創園區，支持我於二〇一八年成立阮義忠台灣故事館。良緣接踵而至，我就這麼順理成章地回到了故鄉。

工作和生活重心逐漸轉向宜蘭後，我在頭城海邊安家。入厝當天從台北搭早班火車到頭城，心想買束鮮花進屋討個喜氣。可隨即想到從小在鎮上就不曾看過花店，頂多是菜販順便賣賣自家的桃花、李花或野薑花。

信步朝市場走去，一個年紀與我相仿的男子正在拉鐵門準備開張。看他遠遠地朝我笑，我便走近點：「請問這兒有沒有花店？」他熱絡地回

外澳車站旁的漂流者披薩店，有露天爵士音樂表演。

應：「有，你家隔壁、楊乾鐘老師家對面都有。」我詫異不已：「你怎麼知道我家？我們認識嗎？」他更興奮了：「我們是頭城國小的同學，忘了有沒有同班，但肯定是同一屆的，第五十八屆。前幾天開同學會，大家還談到你呢！」嚇我一跳，五十多年沒見面了，他怎麼一眼就認出我來？還以為家鄉早就沒人記得我了，原來他們只是沒跟我打招呼罷了！

離鄉前的那些容顏霎時浮現腦海：清癯的竹器匠、壯碩的打鐵師傅、拄拐杖敲木魚的瞎眼算命師、糊冥紙的跛腳七仔、修自行車的帥哥、漫畫書出租店的中年婦人、被服店彈棉花的傴僂背影、由大陳島撤退來的賣燒餅老頭，有眾多追求者的「農漁之家」戲院的漂亮售票員……。一張張臉孔鮮明地讓我驚覺，原來故鄉不只是這座廟、那條路，更是一個個生活於其中的小人物。

重返故鄉，重啟童年

我家陽台是望海觀島的最佳看台。對我來說，龜山島是活生生的存在，她高

遠望蘭陽博物館，與環境共諧的設計，和一旁據稱是東海岸最高的大樓，剛好形成對比。

興時笑得燦爛，不高興就以雲平遮臉或乾脆躲在霧後。習慣四、五點就起床的我，總是在陽台上喝第一杯咖啡，等著送夜迎晝。龜山島的輪廓在微亮的海平面漸漸浮現，就是我出門的時候了。

比我早起的大坑罟村民，已經三三兩兩在海堤上話家常了。幾位坐輪椅的老婦由外籍看護推著出來呼吸新鮮空氣，其中一位沒人陪的偶而會站起來撐著輪椅練步。知道她年近九十歲，不禁心生羨慕：「真希望到您這個年紀也能像您這樣。」原本就開朗的面容，此時更是笑得燦爛：「我都自己料理三餐喔，孩子們都很孝順，假日會回來陪我。」

我的晨走範圍越來越廣，原本只在烏石港、蘭陽博物館一帶繞一圈，漸漸拉長到外澳海灘、鄰近龜山里的金斗宮，來回約莫十公里。一路上真還交了不少朋友。有位八十八歲的老先生，年輕時從高雄來打工並從此定居下來，雙手、雙腳

年近古稀重返故鄉，新家陽台是觀海賞島的最佳所在。

特別粗糙，指甲其厚無比，皮膚幾乎麟甲化，不知吃過多少苦；然而，只要跟他寒暄幾句，充滿皺紋的笑臉就洋溢著青春，透露著豁達與認命。

一位常在海堤上掃落葉的老頭勸我：「走沙灘應該要光腳，這樣才能吸收地氣，對身體好。」接著，他鄭重表示年輕時曾在遠洋漁船工作：「船上的伙食怎麼吃都不對勁，可是船一靠岸，雙腳踏上土地，人就恢復正常了。要光腳踏喔！」

有些人喜歡坐在自家門口打發時間，只能遠遠地互相揮揮手，雖然沒講過話，可日子久了便會期待對方的出現。一位老阿嬤總是在洗衣服，最近一次卻見她靠在海堤的欄杆上眺望龜山島。「今天沒洗衣服啊，好難得！」她咧嘴一笑，口腔張得好大，裡面只剩三顆牙。「聽說你是當老師的！」我又嚇了一跳，沒想到平時只是朝我揮手、點頭的村民們居然在打聽我。我找話聊：「第二針疫苗打了沒？」她馬上嚴肅起來：「我兩針都沒打，都九十二歲了，又不出門，不打還比較保險！」

返鄉四年多，頭城不斷在變化，每逢假日大街小巷到處堵車，東海岸的最高樓從蘭陽博物館之側冒出來；兩棟標榜是遊艇學校、衝浪學校的巨型建築其實是觀光大飯店，我從開始整地看到它們即將落成營業。住家隔壁的建商樣品屋搖身一變成了遊客絡繹不絕，還得預約、排隊、取牌才能進入的網紅咖啡屋。

每年五月到十月外澳海灘開放衝浪，白天沙灘、海面沉浮著人頭，夜晚藏身於老舊民房中的大小酒吧座無虛席，其中最讓人驚豔的就是外澳火車站旁的漂流者披薩屋。每逢週末那兒都有爵士樂團現場演奏，水準相當高，吸引了不少外籍人士前來。偶然闖入的我這才知道，原本封閉的小鎮竟然已有如此國際化的音樂活動。然而，新冠肺炎的疫情來襲後，此地盛況即戛然而止。

頭城一直在變，我享受生活機能改變帶來的好處，同時也盡可能找尋它不變的人情來取暖。童年時一心想逃家，沒想到七十歲又回到故鄉重過童年，彷彿自己現在才七歲！◇

兒時故鄉恰似島嶼

阮慶岳——屏東潮州

母校光華國小、母親不時參拜的三山國王廟
父親曾任職的瘧疾研究所等童年活動領域
是阮慶岳十歲舉家遷離屏東潮州後的偶然重返地
每次回返，都是物換星移下時空與記憶的魔幻時刻

（攝影／安培淂）

阮慶岳，作家、建築學者。二〇一五曾獲傑出建築師獎，元智大學藝術與設計學系專任教授退休。擅長小說與散文，曾獲台灣文學獎散文首獎及短篇小說推薦獎等獎項；著有《一紙相思》、《山徑躊躇》等書。

我十歲和家人搬離屏東潮州，再回去竟是大學畢業在台南砲校受訓的時候。從那之後到現在四十年，陸續又去了幾次，每次到達小鎮，都有渡水去返到一座島嶼的感受。

第一次返鄉是部隊循例放風的週日，我沒有興致與他人同去享樂放鬆，忽然興起何不回去看看童年家鄉的奇異念頭。我搭著發出喀隆喀隆聲響的緩慢火車，看著窗外顯得熟悉又陌生的水稻田、山丘與農舍，幼年居住在小鎮的記憶，開始斷續零星在腦中流轉浮現，身體也升起一種莫名的緊張感覺，彷彿自己正搭乘著一葉小舟，獨自水浪航行前去什麼陌生的所在。

我還記得當時走出車站的忐忑心情，一方面要逐一去對照童年印象的點滴，害怕記憶一切全是虛幻的膽怯不安，又有會被陌生路人忽然辨識出來，不知如何應答的莫名焦慮，才剛起步就已是情緒交錯。但日後幾次再返的事實證明，因為離鄉過早的緣故，我並沒有遇到任何相識的人，然而這樣的不安感覺，卻也不曾一刻鬆弛下來。

我幼年的活動範圍不大，就是在我就讀的光華國小、父親上班的瘧疾研究所、潮州火車站，以及母親會去的三山國王廟之間穿梭著，這個現在走起來小小一圈的範圍，就是我那時探索世界的寬廣盡頭。我偶爾會結伴跨出去外面的稻田與小溪玩耍，或在瀰漫著香甜氣味的收割季節，歡欣看著小火車在黃昏的餘暉下，運走滿載的甘蔗與工人，以及在家裡樓梯的轉角平台（我記得那寬大的樓梯與平台，全是用細緻的洗石子做成的，當我把身體與臉面貼靠上去，那冰涼冷沁的感覺，

阮慶岳（左二）幼時的全家福合影。（圖／阮慶岳提供）

依舊是貼膚地清晰如昨），一人專注眺看遠處會不時出現的短胖飛機，不斷從尾端像雞蛋一樣、優美地誕生飄落下一顆顆的白色降落傘。

最是繁華中山路

車站出來的三角公園，是我幼稚園第一次遠足的終點。我前一夜便催促母親準備好遠足的吃喝飲食，隔日在老師帶領下，一起牽手走向三角公園，我滿懷著興奮與榮光的心情，覺得自己像是一個遊街的英雄。現在再回看依舊存在的三角公園，自然會為它的如此窄小與侷促，以及被新闢的馬路環圍壓迫，感覺到一絲感傷難受，但是幸好那棵茂盛的老榕樹，以及總是坐有閒談家常的老人家涼亭，依舊矗立也安然如舊，稍稍安撫了我的失望感受。

從那裡轉進來，就是當時最繁華的中山路，也是各種店家與菜市場雲集所在。我時而會讓裹著小腳的祖母，搭扶肩膀一起上街買些零食小物，兩人穿行在有著優雅騎樓的街面，她用僅會說的福州話吃力溝通，我記得那些物品的豐盛美麗，與濃濃潮溼的某種氣味繚繞。中山路也是慶典遊行的必經要道，父親會在元宵節的夜晚，拜託熟識商家讓我們擠入窄小閣樓的木柵欄窗口，看著遊行的燈飾火炬一一走過，興奮快樂難以言語的心情，至今依舊不能忘記。

現在的中山路已經拓寬起來，兩旁蓋起許多現代的屋宇，店家也幾乎都全然改換，而當年依靠巷弄

兄弟姊妹間的情誼，隨著時光流轉，日見醇厚。（圖／阮慶岳提供）

而生、母親日日會去買菜的菜市場，現在坐落成兩層樓房的僵硬模樣，最叫我心生失望。尤其，我還記得週末假日的市場，會有山林遠處的原住民，攜來各樣奇異有趣的物件與獵物，有些人甚至入夜會醉倒路邊，隔日又忽然消失離去。如今這些當然早已不可見，反而是已在市場經營百年的「義發原住民服飾」，店裡滿布著以排灣族圖飾為主的各樣產品，是前身原本販賣平地布匹給原住民的「義發布莊」，近年因為部落族人重新珍惜認知自己的織品文化，反而轉變成為部落年輕人尋根採買原住民服飾時的熱門停駐點，見證時代價值與面貌的某種轉變。

再往前一些，就是相對細小橫陳的南進路，那時我們住在這一頭二層樓日式現代建築的宿舍裡，路的另一頭就是我就讀的光華國小，日日上下學都是走在有小溪相畔的南進路，現在小溪當然已經覆蓋成寬敞的柏油馬路，南進路也變成為通達鄰村的重要往來通道。

我幼時居住的九戶人家宿舍樓房，服役受訓回去還有見到，那時雖詫異尺度不如記憶中宏大巍峨，但能見到童年生活的空間點滴，還是心懷激動感念，之後

離三山國王廟不遠的林耀輝草茶（左圖），是阮慶岳的童年滋味。依舊熱鬧的中山路上，老房子與新建築交錯混搭（上圖）。

（左／梁偉樂攝）

位在建基路上的永昌藤具店，是該路上僅存的藤具店。具職人精神的負責人賴騰芳，製作藤具逾一甲子。

再去就不復見到這座美麗洗石子建物的存在了。這樣對於一些老舊屋子的懷念，還有從居家宿舍轉到建基路、在斜對角的一座傳統民居，那是我小學時客家同學的家，我隨著他幾次穿入極其深遠狹長的磚造長屋，詫異這樣幾進幾度明暗的家屋，與一個完整家族居住其中的神奇奧妙，現在也完全不見蹤影，應該同樣是在開路建設中，悄悄無聲拆除去了。

猶見百年老店

建基路底端是母親會去的三山國王廟，這條與中山路平行的騎樓街道，有著顯得殷實保守的傳統藝匠性格，一度有數家藤具行共存其中，甚至因此有家具街的稱呼。而現在唯一還在經營的「永昌藤具店」，是由幼時以學徒出身、做藤具已有六十年的賴騰芳和妻子賴李銀嬌，一人製作骨架另一人編籐，繼續一起合作經營到現在的老店。

旁邊幾家不遠，就是同為百年老店的「豐文印刷廠」。這店原本叫「豐文社」，創設於昭和四年（一九二九年），同樣經歷過曾經有數家印刷廠聚集在建基路的盛況。目前是第三代接手經營的方姓兄弟主理，設備也早由鉛字版轉入電腦印刷，然而依舊陳設在店裡的那台老機器，帥氣地見證著時代的榮光歷史與轉變。也許就是這樣猶然存在的幾間百年老店家的存有，以及街道尺度與騎樓的模樣，都還

豐文印刷廠的鉛字印版，印名片、喜帖，也印小鎮醫院的病歷表。

依舊可以辨識的緣故，建基路最是能讓我有著重溫過往氣味的溫暖感受。

那時夜裡最滿足的娛樂，是和母親沿著建基路，去往一度鼎盛的幾家大戲院看電影，或者就擁擠簇立在熱鬧的廟前舞台，看著歌仔戲、布袋戲或是勞軍歌舞團的演出。這一段不遠不近路途的步行去返，完全充滿著歡欣與興奮，我尤其記得會經過的竹田醫院，那是我們小孩生病必去的地方，我也記得屋旁有漂亮的日式花園，並養著一隻嚇人的大狼犬，以及，母親有時回程會犒賞我們吃食的黑輪攤販，現在雖然都不見蹤影，但建基路的美好感覺，依舊繚繞我的心底不散。

童年就是起點

這幾年我幾度回返潮州，也是因為寫小說場景的必須回顧確認，另外有兩次是受到正在深耕潮州在地文化的「台灣好基金會」邀請，讓我能以返鄉者的姿態，分別去和潮州高中與四所國中的學生，分享我的文學創作。當我面對著這些純真美好的年輕面龐，我不免會想到城鄉的必然差距，是否仍會影響年輕心靈的成長

許多潮州人返鄉承續家業：春盛中藥房傳承三代，第二代潘壽將藥鋪由萬巒遷移至潮州（上圖）。「彰春茶莊」第二代老闆蘇國清與他的兒子（左圖）。（上／梁偉樂攝）

機會？以及，若那時不是因為父親職務的調動，可能繼續在潮州就學長大的我，是不是會變成不一樣的一個人呢？

建基路底端顯得堂皇端莊的三山國王廟，已然幾度在我的書寫中出現，原因是我幼時重病，小鎮醫生終於宣布無救時，母親隱瞞著基督徒的父親，偷偷去到廟裡祈求抽籤，並得到「枯木必逢春」的籤條允諾，母親因此堅持不放棄地連夜送我到市區醫治，因而救回我生命的曲折經歷。

這樣的故事背景，也是促成我最難忘的一次返鄉之旅，就是已然老邁的母親忽然告訴我，希望我能帶她回去潮州一趟，她要和我一起回到三山國王廟還願：「我們一定要回去感謝神明對你的一直庇佑啊！」那時我對這一切都懵懵不明，只是順服母親心願一起搭火車南下，並伴著她去到廟裡，看她燒香跪拜念念有詞，並最後要我親手把一個事先預備好的紅包，交給廟裡的工作人員。

離去要趕著回台北前，我和母親在廟口吃了一碗客家粄條並喝了老店的青草茶，那是我們一直懷想思念的滋味。在這整趟的旅程裡，母親顯出離奇的沉默與

一隻鴨子，彷彿等候改裝車駛離後就要過街。氣定神閒的模樣，展現小鎮獨有的生活氣息。

安靜，讓我詫異也印象深刻，我後來也會幾次自己出入三山國王廟，但與母親同返回的那一趟還願旅程，依舊次次流轉在我的腦海不散去。

我最近的潮州行，會開始好奇小鎮在時代運轉的衝擊下，如何應對與自處的問題。尤其會特別注意青年人返鄉創業的事例，以及在外地奮鬥一生的中老年鄉親，選擇回返家鄉立足生活的故事，觀看是否帶給小鎮不一樣的面貌與力量。

我幼年就感覺到小鎮的自足與安逸，那是一種「田地無荒萬事足」的篤定，也有作為鄰近鄉村的商業集散中心，所積累下來的蓬勃與富裕，以及因此而生，作為潮州人的傳統驕傲與尊嚴。然而，一如台灣的許多鄉鎮，在面對過去幾十年城鄉轉換的巨變過程，不但逐步失落了自我定位的信心，也找不到如何與大城市競爭的平衡點，青年人離鄉發展幾乎成了宿命的路徑。

這自然不是易解的全球共通問題，但我確實看到一些選擇在潮州起步經營的年輕人與年長者，不管是種植火龍果或可可的新農民，或是承頂下即將歇業製麵工廠的返鄉夫妻，以及接續家業的「彰春茶莊」與「春盛中藥房」，有一股蓬勃的力量，確實正在慢慢發酵。我雖然不知道他們未來的發展最終會如何，但是我在他們的身上，感覺得到一種自主也自信的平緩氣息，那是與台北這樣大城市裡的工作者，全然不同的能量與節奏，讓人覺得更為安心也羨慕。

我甚至也會問自己，如果日後我退休，會考慮以潮州作為我生活的安頓處所嗎？老實說，我完全不知道答案會是什麼，我可能就如同一個正要邁入人生未來的潮州年輕人一樣，在現實的瞻顧與家鄉的回望間，心思依舊徘徊難定。

也許就像是柯慈（J. M. Coetzee）在文學評論集《內心活動》裡，這樣所寫：「童年之後我們沒有發現什麼新鮮事，我們只是一再回到原點，不斷地掙扎，但沒有結果。」

是的，童年家鄉其實就是一個原點，不斷吸引著我們的回返。但是，我們就只能「不斷地掙扎，但沒有結果」，別無選擇了嗎？我真的不知道答案是什麼。對我而言，童年有可能蘊含著我想藉由小說述說的世界，因此在那之後的生命，也許就不再有什麼新鮮事真的發生過了。◇

林立青，市場養大的孩子，拿著文憑進了工地，從事監工至今。長期關懷弱勢，並用文字為其發聲，自言「寫作只是想找回真實」。社會企業「友洗」創辦人，帶著無家者一起洗地。著有《做工的人》、《如此人生》。

林立青

台北南機場

從王貫英到方荷生

林立青少時逢農曆新年，常在南機場的庭院玩爆竹
先後有名人王貫英與方荷生的社區，改建傳聞從未成真
倒是各種爭取使用空間方式，成了台灣建築史活教材

我母親的娘家在中華路與西藏路口上的忠恕社區，裡面的中庭有雜貨店、宮廟、獨特的庭園和斜坡；地下室停滿車輛，每年母親回娘家時，我們這些孩子都在那兒玩鞭炮，一樓眾多宮廟會擺放桌椅供居民坐下來共食，這是台北市最老的國宅群。

老舊社區從我人生有印象以來，就充滿了獨特的鄉音和台語混雜，從我外公身體還健康，還能夠為我們燉煮牛肉，到他無法自理生活，牆面一直貼有新的重建都更說明。

這裡既是台灣建築史的縮影，能看見不同時代的設計和不同的建材，更可以看見居民極盡所能地如魔法般地使用空間。每走幾步，都能看到為了放置瓦斯爐、熱水器和抽水馬達而作出的巧思，遊客在此駐足研究，攝影師爭相來此取得靈感，甚至連婚紗攝影都會前來特別取景，作為襯托新人的背景畫面。

南機場國宅區共有三期，忠恕社區屬於第二期，第一期忠勤里的建築形式是一字排開的長蛇列隊，中間有旋轉樓梯通行，當時的設計結構是加強磚造，紅磚

忠恕社區的先進設計，一度是台灣住宅的典範（上圖）。林立青幼時與母親、外公於社區合影（左圖）。

（上／方荷生提供；左／林立青提供）

作為外牆和內裝，梁柱則用鋼筋混凝土構成。

更早在日本時代，這裡是軍用地，作為備用維修後勤機場的使用。相對於松山區的機場被稱為北機場，這裡沒了機場，卻保留了「南機場」之名。

一九四九年移民潮來台以後，大量外省居民到此謀生，形成四處違建；一九五九年八七水災，流離失所的災民舉家北上，本來就數量眾多的違建，此時更是數量大增，成為台灣最大的違建聚落。

但與此同時，萬華中正區工廠林立，充滿了許多工作機會；加上交通便利，到萬華、台北車站都很方便，眾多的年輕勞動人口湧進工廠，但工廠卻往排水溝傾倒廢水，西藏路因此被人們稱為大水溝黑龍江。

一九六二年颱風以後，南機場這一大違建聚落嚴重受創，違建本來就沒有建築設計上的安全考量，水災受創時，政府向美國求助，在美國顧問的支持之下開

南機場一期的飛天旋轉樓梯，隨時間遞嬗，散發出獨特的生活感。

始規畫新式國民住宅，同時解決八七水災的本省籍移民和一九四九年來台後的外省籍移民的安置問題。

兩年後，南機場的一期國宅落成，政府為社區興建忠義國小，社區內還有郵局、商店，以及福利品供應中心，違章建築竟然能改為國宅典範，成為政府宣傳的政績，歸國華僑紛紛前來參訪。

台北市府認為這樣的做法有效，便在中華路對面的基地規畫第二期，也就是忠恕社區，在當時的設計理念中，一樓可以擁有中庭，地下室可做為商場之用；忠恕社區在它最輝煌的時期，地下室有上百攤位，樓上則可以容納五百戶住戶，每一戶共用大樓梯，寬敞且方便上下進出。

南機場國宅的建設不只解決了社會問題，還成了那時候國民住宅興建的標竿，透過建造新式住宅來安置違建戶從此成為國策，除了南萬華一帶外，西藏路也進入規畫階段，從整治大水溝起，拆遷中華路旁的違建，並將前者兩側的道路加上護堤，那便是現在的西藏路。

整治期間，不得不搬移的居民則被安排至南機場的第三期住宅，它既有汙水處理設施，又有管線地下化，百姓對此滿意，市容也煥然一新，政府於是在各地複製這個經驗，並且另外再加碼綠地和堤防設施，但地區規畫的重心，也從此逐漸轉去青年公園一帶。

第一代聞人王貫英

想更清楚地了解這些國宅興建的歷史故事，必須走到中華路上，從南機場一帶的國宅外觀上找

王貫英生前踩著如行動圖書館的三輪車，穿梭大街小巷，以鼓勵讀書為終生職志。（圖／方荷生提供）

出它的細微變化和台灣整建住宅的思維進步。第一期的南機場國宅外觀上為紅磚飾面，和灰色的梁柱位置呈現兩個顏色的對比，既典雅又美觀，頗有日本建築師辰野金吾的風格；二期的忠恕社區中間樓梯加寬加大，方便進出，並有口字型中庭，設有防空避難與社區活動，供生鮮市場販售的地下室空間，外觀上類似於福建土樓；往後的第三期，又吸收了二期的經驗，設置單邊走廊，解決了原先通風不良的問題。

最早社區安置的居民，多為一九四九年來台的第一代，他們的凝聚力高，代表人物為王貫英，他以南機場三期地下室作為圖書館，以拾荒所得，四處購買書籍捐贈給學校與作為圖書館的藏書，在當地居民的記憶之中，王貫英又被稱為老爺子，總會腳踏「犁阿卡車」（三輪車）沿街拾荒。

那時的中華路和西藏路往外走，到處都有公車票亭，經濟發展的年代，他的腳踏車上寫滿了勸世標語，沿著中華路可達中華商場拾荒，轉貴陽街後抵達總統府，老爺子會對著總統府憲兵說教，當時軍官看到衣著整齊卻沿街拾荒的王貫英也無可奈何，老人打過戰爭，到台灣以後成為現代武訓（清代平民出身的教育家），樂善好施又勸勉讀書，在現代看來好氣又好笑。

能讓王貫英老爺子沿路拾荒用以興學，可以知道這裡屬於台北市的交通要道。中華路二段較窄，但往北可以直通台北車站，途中會行經中華商場、博愛特區、西門町，無論步行或者是公車轉運都極為便利，工作好找，西藏路則可往西通達環南市場，輕易取得各種食材。西藏路上有眾多學校，可以得知過去台北市在發展時，為了緩解戰後嬰兒潮以及對於教育文化的需求，所需要的學校的數目大幅增加。

這個被政府列為示範的社區經過歷史變化時，逐漸有了新舊產業交會，莒光路一帶曾有大量的汽車維修保養和維修，而今和餐廳店家比鄰而居，成為老店，其餘的搬離往他處，和我們現在看到的內湖一樣，都市規畫下的新舊交會將各種產業汰換，這裡是台灣發展的借鑑，遠遠走在各區域前面。

從毒瘤到教材

到了一九七〇年，政府決定整治西藏路，加蓋成為了寬敞大道，往來更加便利，處處有工作機會，人口紅利加上台灣的出口取得成效，經濟上錢淹腳目，外觀也加上了鐵窗防盜，從一九六〇年代的一期灰紅牆面，到二期的紅色溝紋狀磁磚，三期的卡其黃開始，各種鐵窗出現，可以見到台灣鐵窗景觀，同時屋頂開始受潮漏水，有些住戶以鐵皮包覆，以油漆柏油充當防水塗料，南機場同時可以看到爭取和維護空間使用的各種手段，除了鐵皮加蓋防盜外，陽台外推，頂樓加蓋，也有人將各種雜物囤於外推的鐵窗，用氣密窗增加使用坪數，將空調主機外掛，與天地爭取空間。

過去曾被嘲弄為都市毒瘤，而今在我眼中，卻成為建築土木科系到訪時的活教材，我們能從外觀看出時代差異。早年的頂樓加蓋，用的是力霸型結構，師傅用細細的骨架焊接三角形互相支撐，增加強度，而今用的是 C 型鋼或 H 型鋼，

餐館、食堂、小吃店林立的社區一樓店面，與南機場夜市連成一氣，好不熱鬧。

這演變正是金屬從貴價到賤價，工資則增長，過去金屬貴重，人工便宜，而今人工貴重，而金屬便宜。更明顯的是鐵窗花和鋁窗的演變，過去人力過剩，金屬取得不易，大量的工匠在鐵窗花上凹折，以造型做出區隔，而現在的人力吃緊，金屬容易取得，需要工匠細心凹折做出造型的鐵窗花逐漸變得稀有。

住戶的衰老也成了街景。這些房子缺乏通風採光良好的大客廳，退休後的老人喜歡聚在社區的公共空間，或上街閒逛，有些人則是四處撿拾回收。南機場是我眼中的故鄉，那條西藏路和中華路的交會口，是母親的母親沿街撿拾回收物的地方，至今在忠恕社區的一樓和西藏路上，都還有著資源回收的站點，即秤即賣。早些年時，寶特瓶一支可以回收一到兩元，後來逐漸跌價，以斤秤計。他們那一輩人對繁瑣的手工藝習以為常，社區老人也互相幫忙整理環境，在鐵窗畫上紅丹油漆，只是隨著年輕人忙於工作，長者年歲已高而逐漸無心力維護，只能放著任其凋零破敗，取而代之的，是愈來愈粗的不銹鋼窗和鐵皮板。

美食眾多的南機場夜市

唯有夜市愈來愈知名蓬勃。南機場一期在設計時一樓店面門口有空間，卻也因人口的大增而出現夜市，占用公有的道路和社區空間謀生。由於人數眾多，這些移民將手藝帶入此地以後，現捏水餃、包子

南機場夜市近年名氣大增，美食之外，也跟社區鮮明的特性有關。

饅頭、福州麵、烤餅、雞肉飯、甜湯、炸雞等品項，逐漸形成聚落，一樓的空間成為最值錢的店鋪。

走進南機場社區中，能夠看到的是台灣各種食物餐飲的美食縮影，從三〇九巷內現包現做的餃子街，到三一五巷的雞肉飯麻油雞炸雞一條街，現打的果汁大杯的豆漿紅茶，加上台北市少見到的蚵嗲攤，都有讓人覺得是真的美食群聚之處。而今開始又出現更新的東南亞移民菜。

特別的是，這裡來客多數為鄰近社區的原住戶，物價保持親民，有些店家不漲飯麵只漲小菜，讓主食保存著物美價廉，說是讓所有人可以吃得起，這裡甚至有嘴邊肉一份只需要三十元的黑白切米粉湯，在高度開發又是行政中樞的中正區，實屬難得可貴。

時代變遷，家庭的模式改變，這裡設計為安置災民難民和移民的空間住宅風光一時，卻也面對整宅的空間太小，不利於家庭生活，也沒有獨立房間，反倒適合北漂打工者當作套房使用居住。在這裡生長出來的第二代在成年以後向外搬遷

彷彿是一條光陰的通道，南機場的住宅群，不管是在設計或經歷上，都見證了台灣曾經有過的一頁滄桑，以及無窮的生命力。

成家立業，和我母親一樣，在成年後結婚搬離，只剩下老人留守於家中，和整宅一起老化，隨之搬遷而來的北上打工就業者，忙於靠著台北市中心謀職就業，但也在成家之後離去，缺乏對社區的認同與共識，許多原本店家經營多年後，也只能到外地另開新店。千禧年後，這裡面臨了嚴重的老化問題，不只出現在建築上的外觀，也在那些來到台北尋求機會，卻先面臨衰老的藍領和一九四九移民。

我的外公也是移民，沒有機會擠進公門，只能做清潔隊員，他的人生路徑是隨著這裡的興起而去修鞋，賣起豆漿燒餅油條，到年紀很老時，靠著拾荒多少補貼，最後回到小小的套房裡面，仰賴終身俸省省地過。

在我當兵之前，他曾帶著我去南機場吃水餃，只說去部隊內要乖乖聽話，等我退伍後再回來，他已經老到不想再出門了，那時候的中華西藏路口，店面稀稀落落，地下室空間閒置後已經沒有人在地下經營生意，社區破舊，只剩下夜市的銅板美食。

我認識南機場的歷史太晚，出書時長輩都已過世，曾經是政府引以為傲的先

用全副心力回饋家園的方荷生，是南機場社區再造典範代表。（攝影／劉子正）

進國民住宅，在這時候慢慢成為貧民窟的同義詞，曾讓這裡居民引以為傲的王貫英，他方便借閱且公開的地下圖書館後來因為淹水受潮，書籍嚴重受損，終身鼓勵閱讀的老爺子在愛愛院內過世，為他辦理後事的，是南機場的第二代代表人物方荷生。

繼往開來方荷生

代表性人物常常會在居民中口耳相傳，把對未來的期待，寄託在他們身上。方荷生所經歷的，正是社區從標竿到逐漸凋零的過程，他要面對的是居民老化，建築不敷使用，公共空間被占為夜市的南機場，此時的台北市重心已經從西區轉為東區，再也沒有人記得這裡曾經是示範社區。

方荷生從送便當到獨居老人家中開始做起，召集他們施打疫苗，將自己的手機號碼貼在老人家電話機上，成立社區廚房，打造食物銀行，建置冷鏈系統，組織協會自聘社工，設立圖書館，將王貫英的名字留在古亭。

黨國時代的各種主義逐漸被社會淡忘，但方荷生踏實的服務，使南機場成了社區再造的象徵，他當選為台灣食物銀行聯合會的理事長，並接下總統文化獎，原本榮景不再的南機場，又出現了眾多人前來參訪，從地檢署和法院，社會局和健保署，還有各地方縣、市政府的都發局，都來這裡來取經。在黨國褪色以後，南機場以它自己的方式，兀自發出共榮的光芒。

這是庶民眼中的中華西藏路口，也是我的故鄉。◇

林正盛，電影導演。出生台東，國中畢業後到台北成為麵包師傅。意外進入編導班，電影作品曾獲日本東京影展、法國坎城影展、柏林影展、金馬獎等獎項。著有《轉彎的人生更美麗》、《未來，一直來一直來》。

林正盛——台東泰源

馬武窟溪歲月

溪水蜿蜒而過、阿美族人喚作「谷谷」的河階地
是離鄉多年的林正盛，心底最豐美的永恆記憶
海岸公路臨隧道口的茅草房，是編織電影的夢工廠
隧道這端是山野童年，隧道彼端往無盡想像世界

在我一份想像中，當年我祖父六十歲敗光家產避走他鄉，一無所有走進小馬隧道，漆黑中走向遠遠小小明亮的隧道口，走出隧道迎面滿眼翠綠山谷，心中可有「柳暗花明又一春」地起了一絲重新再起人生希望的感覺？

小馬隧道

我無法知道當時祖父的心情，但我祖父就真在這山谷裡人生再起，墾荒種田有成，安定家庭，讓我有了一個野地裡生，野地裡成長的童年。

「……經過登仙橋，轉個彎繞出峽谷往前走，在還沒到隧道口前，有個快轉彎的地方，遠遠看到公路邊一戶茅草屋人家，就是我家……」

如果你從泰源山裡出來，我會這樣跟你報路。如果你從台東、東河海岸線過來，我會這樣跟你說：「……順著海岸公路走，在一個叫隧道口的三岔路口左轉，上坡走一小段路彎進小馬隧道，出了隧道往前走一點，轉個彎見到路邊一戶茅草屋人家，我家就到了……」

手裡抱著一頭羊的林正盛，被祖母摟在懷裡，在自家菜園前合照（上圖）。五、六歲時，他常跟著父親或祖父到台東鎮上。在鎮上大哥工作的百貨行玩耍時，留下一幀影像（左圖）。

（圖／林正盛提供）

小時候，我喜歡坐在公路局有著長長車頭的巴士跟著它駛進隧道，一片漆黑地向遠方小小光亮洞口前進，愈來愈近駛入亮光，出了隧道轉個彎迎面不遠處是碧海藍天的太平洋，一片蔚藍海波浪湧，熠熠生輝。就這樣彷彿走進了一個新鮮好玩的世界，這個新世界一路新鮮好玩到熱鬧城鎮，除了眼裡看不完的新奇熱鬧，還能賺到一碗麵、一碗冰，至少也有一根冰棒吃。

隧道名為「小馬隧道」，前身為「小馬埤圳」，起初是日治時代為了引深山裡的水，灌溉海岸邊小馬部落的農田，而穿越海岸山脈開鑿出一條地下水圳。後來為了泰源盆地對外交通的需要，就拓寬為可通行人車的隧道。

小馬隧道是我小時候的時空旅行機，宛如時光隧道般區分了兩個不同世界，隧道裡是我童年的山野世界，隧道外邊是通向我童年嚮往的繁華世界。

連綿的山谷與河谷

在漆黑隧道裡走向小小明亮隧道口，出隧道迎面滿眼翠綠地走進四面環山的小盆地，盆地中央一塊背靠大山延伸而來的台地，台地上耕種農人，大多是 Amis（阿美）族人，只有少數跟我們家一樣是外來平地人。台地上農人，白天來耕種，天黑就回家，回東河、小馬部落，回泰源。只有我們家住在這裡，給這山谷夜色點上了燈火。

Amis 族人給這個山谷取名為

開鑿海岸山脈而來的小馬隧道，連接台十一與台二十三線，隧道這端往谷地，彼端面向遼闊太平洋。

山谷、河谷綿迭相連的「谷谷」，就是林正盛出生與成長的地方。圖中聚落就是泰源村，旁邊即為馬武窟溪，最左的柏油馬路，在他童年往返學校時還是石子路。

「谷谷」，我喜歡。

「谷谷」，有河谷有山谷，一谷連過一谷，谷谷相連伴隨我走過我人生最初的成長歲月。

谷谷台地上幾乎清一色都是水田，一年兩季水稻，需要很多水來灌溉。Amis 族人祖先，很久很久以前的祖先們，沿著山壁鑿出長長溝渠，將深山泉水引流，順著山壁溝渠流入台地裡灌溉農田。

剛搬到谷谷，我們家住在台地背靠大山的山腳邊，從深山引水的溝渠，一路奔流而來，流至我家門前一個以石頭壘起的小水池裡，於此分流地流向台地各處農田裡灌溉水稻。

小小水池邊繞著竹林，風吹竹葉颯颯，閃動著白花花陽光，大人頂著豔陽在田裡工作，而我泡到竹林遮蔭水池裡，一泡就是大半天，泡在水裡看著蝌蚪、小魚游來游去，有時跑在溝渠裡捉蝌蚪、小魚。有時玩累了，泡在水潭裡睡著，醒來時感覺到屁股大腿癢癢的，原來是蝌蚪、小魚正啄著我屁股大腿，但當我伸手去抓時，就一哄而散，一隻也抓不到。

長大多年後再見到這小小水池，不禁驚呼：「其實只是個水窪，非常小啊！」小到像我當年那樣的一個三、四歲孩子，泡進三、四個就擠滿了。

「還好那時我們家是谷谷山裡唯一一戶人家，無其他孩子跟我搶著泡，才讓這小小水池完全屬於我。」長大回去看時，我懷著這樣心情。

但，小時候總覺得它很大，大到它是我一天時光裡的全部。準確地說，其實不是水池大小，而是人心的大小。隨著成長，走得更遠，看了更多，世界也就變大，變寬闊了。於是回頭兒時那個小小水池就更小了，小成了水窪。

六歲時，為了方便我上學，我們家搬過河，面向馬武窟溪蓋起一間茅草屋，屋後是公路，沙石公路，每當車子駛過，車尾就捲起一屁股風沙滾滾，隨著車子彎繞山路走遠，風沙才慢慢落下飄散，恢復平靜。

小時候，我喜歡站在河對岸台地上，隔著溪水遠遠看著公路邊坐落在風中搖曳竹林裡的我們家茅草屋，看著公路局長頭巴士拖著一屁股滾滾風沙彎來繞去地駛過我們家屋後，留下一屁股滾滾風沙，順著山勢繞彎駛去……。車遠，風沙緩緩沉落散去，恢復如常安靜。尤其是黃昏時刻，遠遠看著竹林搖曳中我們家煙囪冒著炊煙，裊裊飄散在淡藍暮色中。長大後，讀到張愛玲一句「現世安好」，心裡就浮現童年記憶中這景象。

母親河般的馬武窟溪

環繞台地潺潺而流地伴隨我童年、少年的溪流，Amis 族人稱她為「馬武窟溪」。意思是「撒網捕魚」，也就是這條溪流漁產豐饒，快來撒網捕魚。「馬武窟溪」是指北溪、南溪匯流泰源之後的河域。北溪源自北源深山，南溪源自南坑深山，兩溪各自繞山奔流，至泰源國小匯流，經泰源橋轉入狹長曲折峽谷，繞流經過登仙橋，依著峽谷山勢轉個大彎地流入谷谷，流經谷谷後溪面逐漸變寬，水流逐漸變緩地環著台地緩緩而流淌，至到在我家門前山坡下形成了一個大水潭。

林正盛幼時，住家周圍杳無人跡。隨著時間遞嬗，至今已發展成五百多戶、千餘人口的泰源村。拾階而上，通往一條柏油道路，是泰源村鬧區。

我從懂事起就跟著我祖父、父親在溪潭裡洗澡，尤其在不怕冷的祖父訓練下，我也習慣洗冷水澡，春夏秋冬一年四季跟著祖父在溪潭裡洗澡。在台地耕種的 Amis，黃昏下田涉水過溪，不分男女都習於順便洗完澡再回家。而夏日暑假，大溪潭可就熱鬧了，是我和我的 Amis 玩伴戲水游泳的地方。

印象中，Amis 男人喜歡在那種雨要下不下，下也下不大的天氣裡出來撒網捕魚。這時候我就會坐在家門口，遠遠看著 Amis 男人沿著溪岸走走停停撒網，如果收回漁網很快又撒網，那就沒網捕到魚，如果看到他收網後，停頓下來伸手往網裡翻找著，就知道他網到魚了。

Amis 有一種集體捕捉魚蝦的方式。通常都在秋收後，他們男女老少集體出動，搬石頭將溪流較窄處壘起堵起，再以稻草把石頭縫堵住，然後男女老少人手一截汁液裡有麻醉效果的樹藤，拿著石頭敲擊搗碎樹藤，再將汁液攪進水裡，就這樣重複著，直到溪面浮起一尾一尾醉酒般歪歪斜斜的魚，如吃了迷幻藥般遲鈍緩游，很容易，很好捉，挑大的捉，小的留著成長，日後長大再捉。如此捕魚，讓 Amis

泰源村位於都蘭山西側，四周群山環繞，是海岸與縱谷的過度地帶。但在林正盛小時候，方圓百里內只有他們一戶人家。

族人一直有捕捉不完的魚蝦。直到 Amis 族人有天也學會了電魚、毒魚，馬武窟溪魚蝦就愈來愈少，少到連我祖父也不再去溪裡放蝦籠捕魚捉蝦了。

美味的鴨蛋拌飯

我祖父的蝦籠很特別，是以細細竹枝編成，竹枝跟竹枝之間留有足以讓小蝦小魚跑掉的空隙。這是承襲自 Amis 人捉大魚不捉小魚，讓小魚繼續成長，長成大魚再捉的一種「這樣就永遠有魚蝦可捕捉」的概念。

傍晚時分，我祖父把炒香米糠跟米飯揉在一起，揉成一粒一粒小丸子，放進一個個蝦籠裡（通常是我放），放好後祖父會挑起蝦籠（十幾二十個），我跟在身後，一老一小沿著溪岸走，尋找一處處大石頭坑縫，放進一個個蝦籠，放完蝦籠我和祖父在淡藍暮色的溪潭洗澡，洗好才回家。

隔天一大早，我們踏著晨光沿著溪岸收蝦籠。我提水桶，祖父收回蝦籠，將蝦籠裡魚蝦倒進水桶，隨著蝦籠收回愈多，水桶裡魚蝦愈倒愈多。於是，我提著蹦跳著成群蝦子的水桶，祖父挑著收回的蝦籠，一老一小踏著晨光溪水河岸滿載而歸。

除了放蝦籠，我祖父還以釣鉤鉤住活蝦的尾巴，將鉤住的活蝦放回溪流，任牠游去當釣餌，而將釣線綁在竹棍上，竹棍插進河灘土裡固定。如此沿著溪岸放十幾二十個活蝦釣餌，隔天清晨去收，常能釣個

泰源國中校園外牆上的磁磚創作，反映村民採果的景象。

二、三尾鰻魚加菜。

馬武窟溪河面上還游著我們家養的鴨母，最多時約有五百隻鴨母，養在馬武窟溪游來游去覓食魚蝦水草，生出的鴨蛋，蛋黃特別紅，醃製出蛋黃特別油亮、特別香的鹹蛋，常能賣出好價錢，稍解我們家貧窮的家計。而記憶中我最有感覺的是，早上打一顆剛生下的新鮮鴨蛋，蓋上熱飯悶一會，攪拌上豬油、醬油，香噴噴吃一碗，吃飽帶上裝有荷包蛋的便當出門上學。在那個貧窮年代，一個孩子能夠擁有一顆完整的荷包蛋吃，是很難得到的幸福。

流經過我家之後，馬武窟溪順著台地彎繞，潺潺流向東河橋出海，進入壯闊的太平洋。

我的童年，因為阿美族人的馬武窟溪的餵養而不虞匱乏。

追猴子與被猴子追的歲月

「朝辭白帝彩雲間，千里江陵一日還。兩岸猿聲啼不住，輕舟已過萬重山。」

每當我小學讀到這首詩時，腦海中就浮現每天上學放學走的這條路，千里江陵是沒有，但兩岸猿聲倒真的是啼不住。

如今隔著漫長歲月遙遠回望，回看當年那個揹著書包，打赤腳上學放學走啊走的小孩子的我，還真是「兩岸猿聲啼不住，輕舟已過萬重山」，在這條路上走過颳風下雨，走過

登仙橋橫跨馬武窟溪流經的山谷，台灣獼猴常出沒其間。

豔陽高照，也走過風和日麗，而始終陪伴我的，是那兩岸啼不住的猿聲。

清晨，大約六點左右就要從家裡出發，一路走在砂石公路上，隔著馬武窟溪，遠遠可見對岸台地農田早起忙碌的農人，有時看到祖父趕著牛往我們家梯田走去；有時看見祖父、父親已在梯田裡工作了。

跟台地農田平行走一段路後，隨著山勢繞個彎進入峽谷，轉彎後台地農田在身後消失了，走了段路經過登仙橋。這裡猴子最多，成群攀爬在山壁大樹之間，有些爬橋欄，在橋上跑來跑去。剛上小學的我，猴子們一點也不怕我，反而是我怕牠們，走近登仙橋時我會撿起石頭捏在手上，目光警戒盯著牠們，準備好只要牠們一靠近就拿石頭丟。

我經常邊丟石頭邊跑給猴子追地經過登仙橋。就這樣被猴子追，追到有天我長到足夠讓猴子怕，不敢追我了，反倒是我有時調皮地追起猴子。

大約二年多前，和妻子、朋友回家鄉走走，坐在登仙橋旁時，一隻猴子自然自在地走近我，我看著牠調皮況味地說：「說不定我跟你阿公、你阿祖認識，也

因為多河流與溪岸河階地，泰源村當地居民多以務農為生，水田、旱田、果園皆有。

橫跨馬武窟溪的出海口東河新橋，連結泰源與成功。林正盛童年時，大橋尚未出現，但出海口外的太平洋，卻遠在他出生之前，便歷經無數潮起潮落，湧動在此不知有多久。

許牠們追過我，也許被我追過……」不知道這猴子聽懂了沒，倒是一副安然自在地走到我身邊坐下，坐了會伸手輕巧地攀爬到我肩膀上，雙手輕輕抱著我的頭坐著，坐了好一會，爬下來自在地走開。

過了登仙僑，順著山勢右轉上坡，上坡後走一段大約二公里的平緩道路，不上坡也不下坡走著，而隔著馬武窟溪的對岸峭壁上，成群猴子呼朋引伴，大大小小跳來跳去地攀爬躍動峭壁樹林裡，目不暇及真是好看。每遇上猴子們如此精采表演，總要看到猴子攀爬遠去了，才會繼續走我的路。

看完猴子精彩表演，往前繼續走到一處居高臨下遠眺整個泰源盆地的山崖，從這裡下坡，順著山勢彎繞，走過右邊一個大河灣，再往前一點，左邊山坡一座公墓，過公墓往前，轉個彎來到村子口土地公廟，經過土地公廟就進入泰源村村子口，往右走上一條斜坡道路，一路上坡走約六、七百公尺，就踏進兩旁寫著斗大標語，一邊「反共抗俄，還我河山」，一邊「反攻大陸，解救同胞」的校門口，進了校門跟國父銅像一鞠躬，開始一天的學校生活。

上學放學，沿著馬武窟溪河岸上走，從小學二年級走到國中畢業，從跑給猴子追，走到變成我追猴子，這條路我走了八年。◇

夏瑞紅，一個相信人生只是修道旅程的女子。曾服務於雜誌報紙二十五年，也曾任文教基金會及禪修基金會執行長等職。目前退休於台南農村，嚮往盡可能自給自足的生活實驗。著有《小村物語》、《人間大學》等。

夏瑞紅——台南中營

累格之鄉
消退之所

中營在哪?就在鹽水以南、麻豆以北、官田以西、學甲以東
以種稻、育果、養殖維生小村，年老居民為生活打下底色
從不適應緩慢的 lag 節奏，到怡然勾勒醇厚的農村風情
原本是為人妻後的第二故鄉，而今已是新故鄉

首次拜訪他的家鄉台南中營那年，我二十歲。烈日和大片嘉南平原一覽無餘的空間曝露感，以及他的大家族、眾鄉親那不分內外、無論早晚的人情黏稠度，都讓我莫名窘迫。

而後為人媳婦，我必須在年節及親戚婚喪喜慶時回去，勉強忍耐空氣中若隱若現的那股異味——混雜著泥土和魚塭的溼溽蒸熏，與豬雞鴨鵝養殖場散發的屎尿腥臊。萬一撞到農藥施打期，那陰森刺鼻的化學味更是逃躲無門。

總之，要認這小村作「家鄉」，並不容易。

不過，由於公婆相信「台北東西又少又貴」，而且「在地」又「著時」（當令）的最好，我們一年到頭依序收到滿箱滿簍的小村土產——春天黑豆醬油、蠶絲被，夏天芒果、龍眼、破布子醬，秋天柚子、酪梨，冬天菱角仁——因感謝公婆和這些四季恩物，小村多少漸漸親切起來。

後來他必須返鄉繼承家業，我也不得不把小村當第二個家，開始南來北往的日子。其中有四年因家事定居小村，回到都市竟一時不堪人潮車潮與噪音。

期間偶有朋友要來，一聽「中營」，大多啊一聲：「聽過新營、柳營、林鳳營，還有中營啊？」

我說「營」的典故是鄭成功駐軍屯田，再進一步說明屬於台南市「下營區」，但這只讓人更摸不著頭：「下營？還有下營！那有上營嗎？」

有，但那只是中營唯一一家 7-Eleven 的門市名稱。如此命名不知是否效法下營農會以台語諧音「A贏」（會贏）作號召，小七也要「尚贏」（最贏）一下？

外地人搞不清也難怪。台南縣市合併後，地址又改作「茅營里」，連貨運司機都被考倒，老繞圈找到昏頭。

從前有次搭計程車，我說了地址，司機說那在鄉下不管用，最好給個地標。就在東指西指終於到家時，司機好心交代：「以後別講中營，要講『茅港』啦！」

原來「中營」是統合四個小村的「官方說法」，當中包含在地人向來慣稱的中營、茅港，我們家所在地，依行政區劃精確來說是茅港。目前這兩村被併為一里，故稱茅營里。

寧靜的小村在晨曦中，開始了全新的一天。雖說太陽底下無鮮事，但變幻的霧色，沾了露水的草枝，依然賦予生活新鮮氣味。

倒風內海與茅港

但明明是個農村，沒靠海也不臨河川，怎能叫「港」呢？一追查方知此村不但曾經是個港口，還是被當時的人封為「小揚州」的大港口。荷蘭文獻、明鄭軍備圖和清代方志都有紀錄。

兩百多年前的台南海濱有多片沙洲與兩大內海，南為「台江內海」，北為「倒風內海」。台江內海是個潟湖，倒風內海則為狹長海灣。「倒風」應是台語諧音，指強勁季風把海水倒灌進內陸。在水路為王的年代，政經軍事據點多沿內海而建，當時倒風內海有四大港，「茅港尾港」（古時當地稱此海汊為「茅港尾溪」）是最大的一個，又位居台南府城到諸羅（嘉義）縣城南北官道中站，為四通輻輳之地，因而形成擁有五條主街的大都會，其中最繁華的「茅港尾街」還是人車分道的所謂「雙顯街」。

但好景不常，據我們家鄰居之先祖黃清淵先生所撰史略，一八六二年清同治

灌溉便捷後，才有稻作。近年，下營尾隨芳鄰官田的腳步，種起了菱角。

年間某夜發生大地震，約兩百名居民喪生，街市一夕俱毀。村裡到現今還傳說是因為事發前日，街尾供奉的媽祖顯靈降乩預言劫難，結果居民以為將有盜匪來襲，皆嚴密釘鎖門窗，反造成逃生障礙與搜救困難，終致死傷慘重。

再加上後來急水溪、曾文溪改道淤積，失去交通優勢，茅港日漸沒落，到日治時代《台灣堡圖》上已無倒風內海，只是平原一片。光復後，新公路建設也另闢蹊徑，至此茅港已淪為邊陲偏鄉，甚至不再是中營社區中心了。

中營早年因乾旱多種番薯，受惠於烏山頭水庫和嘉南大圳後，才紛紛改種稻米，又因鄰近的六甲興起瓦窯業，四處挖購黏土材料，遺留的土坑便形成埤塘魚塭。直到現在，中營仍是典型台灣農村，居民多數務農，以種稻米、柚子，和養殖豬、雞、吳郭魚、泥鰍為大宗，也有些田地轉種菱角、蓮子，近年才見的作物則是酪梨、哈密瓜。聚落也維持傳統格式，以廟宇市場為中心，成集村住宅區，耕地果園養殖場都分散於外圍。時下流行切割部分田地蓋所謂「農舍」，此地倒不多見那款房宅。

座標位置搜尋

說到這裡，還不清楚中營在哪嗎？

那麼，這樣說應該就懂了——從我們家往北會到放蜂炮的「鹽水」，往南到文旦的故鄉「麻豆」，往東是前阿扁總統祖宅、盛產菱角的「官田」，往西是虱目魚的大本營「學甲」。

如您所見，回顧倒風內海的往昔風華已乏人問津；前瞻傳統農村的未來發展，又不像隔壁的官田蓋了工業

烏山頭水庫完工前，耐旱作物蕃薯是中營主要農產。

區、善化添了台積電那樣「前途無量」。要自我介紹還得請出東南西北發達的鄰居來幫襯。

如今青壯出走，前輩年年凋零。唯一一所學校「中營國小」每年級平均人數才二十出頭，而還在主持農事的阿公阿嬤，年紀九成都已超過七十。

不過，也可能正因此才延緩了小村的變化，由它仍照古早步調營生過活，顧自保持素顏老樣子。

回小村之初，每有朋自遠方來，除了看看我們家這座近百年的三合院之外，我總是想，是不是應該再逛些什麼，才能讓人不虛此行。於是，我常帶人家去六甲烏山頭水庫、官田水雉生態教育園區、麻豆總爺糖廠、下營北極殿玄天上帝廟、柳營劉啟祥美術紀念館……等等名勝。總覺得我們小村很普通，沒什麼特別看頭。

哪料到與小村共晨昏歲歲年年後，卻發現其實小村還頗有可觀。

例如，大小寺廟十幾家，其中茅港尾天后宮、茅港觀音寺和中營慶福宮的歷史，都有三百五十年左右，參訪時可以親近清代的碑記、乾隆御題的匾額，和台

天后宮媽祖生辰繞境祈福的「蜈蚣陣」藝閣（右圖）；慶福宮中壇元帥慶生大辦桌（下圖）。

灣國寶級工匠陳專琳、潘麗水等大師的傑作。

若逢法會廟慶，還可看到封街大辦桌，野台戲、露天電影院與豪華豔麗的「變形金剛」舞台卡車競相熱鬧。村人對宗教活動非常認真，逢年過節皆鄭重祭祀，只要「神明出巡」，必在門口備辦香案。天后宮舉行三日「巡香賜福」遶境時，大批信眾按舊例古禮，徒步至台南大天后宮會香，是一大盛景；慶福宮為疫情特辦「煮油除穢」科儀，由道士帶領一組人馬扛火爐、油鼎，挨家挨戶去「淨宅制煞」，也是一大奇觀。

再穿越寂靜的巷弄，看紅磚三合院與貼滿馬賽克磁磚、帶迴廊的雙層洋樓錯落有致。轉到一對夫妻白手起家經營近四十年的「米嘎阿」（碾米廠），聽那台隨時提供村民現碾好米的全檜木中型碾米機轟隆運轉的聲響；也可以到菜市場祖傳四代的小攤，吃一碗招牌「豆菜麵」（乾拌蔥油加綠豆芽的陽春麵）佐「細魚脯味噌湯」。

勘比5G的口耳傳播系統

小村漫遊會讓人恍如置身正拍攝上世紀中期故事的電影片場。然而，以上不是戲劇，也不是「文創作品」、「社造成果」，而是小村的尋常日日。

所以，小村不是很普通、沒看頭，只是沒名氣。而且，小村的趣味也非普通走馬看花得以見識。

好比一本沒搶眼標題也無明星加持、藝術包裝的古板舊書，不能引人注視，即使承蒙匆匆過目，也可能徒惹人嫌平凡單調。唯有願意與行文節奏合拍、深入字裡行間者，方能領會箇中意思。

我也是「一步一步」地，開始認識小村的。

我的小村一天常從破曉的散步開始。途中順手捕捉早起下田的老農身影，隨機請教小村風俗軼聞和周邊動植物常識，是我的一大樂事。

田邊常遇鈴木老鐵馬、偉士牌機車、野狼125那種「黑膠唱片級」的古董。

當代農業鋤頭不再，取而代之的，是馬達驅動的割稻機。儘管如此，揮汗與驕陽為伍，親密與土地連結，仍是農村最動人的景象。

這群老農喜歡打趣自稱是「日本製ㄟ」（指經歷日治時代），其惜福儉省的美德還發揮在不浪費田埂溝棚任何一塊小畸零地，叫蔥、韭、絲瓜、番薯葉全聽話長得理直氣壯。憑耕種吃飯的本事，對他們來說恰似天生自然。

此外，那些趁農閒圍坐在路邊廊下，幫雇主挑花生、揀破布子、剝菱角仁，埋頭賺取小小零錢的「老人工」，也是他們。

望著黝黑矍鑠的他們，不禁讚嘆這耐熱、耐髒、耐勞，而且克勤克儉克苦的一代，真是亟需「保育」的「稀有人類」。他們是小村的靈魂，整幅小村風情畫，都根據他們的生活方式打底上色。

初見我這陌生人在小村出沒，他們全不問姓名，而問是誰家的誰？簡答過兩三回後，有天赫然驚覺，怎麼全村都跟我「熟識」了？

從未曾交談過的菜販邊招手邊道好久不見，「汝係轉去台北阿尼」？（這「尼」得唸輕聲、台南式語尾助詞）中藥行阿公問為何不再「作記者刊新聞」？掃馬路的阿嬤也熱絡問候我公婆叔嬸和黃金獵犬來福……。

從不適應悠緩步調的都會女子，到黏著於農鄉閒適與醇厚人情。在地人夏瑞紅，閒坐百年三合院的稻埕上，怡然自得。

方知小村內建一套口耳傳播系統，功率堪比 5G 網路。

自給自足，自由自在

「誰家的誰」取代名字成為識別標籤的結果是，人情道義被奉作交際來往的首要前提。

請人幫忙農活，必得款待早午餐、飲料和一頓點心；木工師傅服務到家，居然說舉手之勞免計費，推拒半天不得不收一百，還滿臉歉意一直講「金拍謝」（真不好意思）；偶爾被冒犯，也沒人慌張告官，只因那是「誰家的誰」，當然須互相擔待。

乃至於菜攤上的食材，也大半能加註誰的蕹菜、誰的金瓜、誰的土雞蛋，都是每天開市前鮮採現揀的。

相對地，如果做人沒信用、做事不老實，日後在小村多半就難以立足了。

這種半封閉半自給自足、以人格掛保證的微小社經模型，相對於十倍速時潮，或許處處「累格」(lag)，但對混亂疲乏的身心來說，卻是一個避風港。

小村日出而作，日入而息，午飯後的小睡宛如「村民公約」，連郵局都配合打烊半個鐘頭。

習慣了這樣的作息和只是「某某家的媳婦」以後，過去關於「我」的種種「信仰」，不知不覺悄悄地層層消退，雖未及「不受塵埃半點侵」，也約莫「竹籬茅舍自甘心」了。

說到底，能自然而然教人不再記掛名字，就這樣隨順四季，安安靜靜地過上普普通通的生活，應該就是我這小村家鄉最特別的地方吧！◇

彭康隆，畫家，畢業於台北藝術大學。擅長創新形式水墨，融合當代觀點與傳統山水哲學，開創深具個人風格的畫風美學，為台灣當代水墨先鋒畫家。作品廣受中港台矚目，系列作品獲各國收藏家垂青。

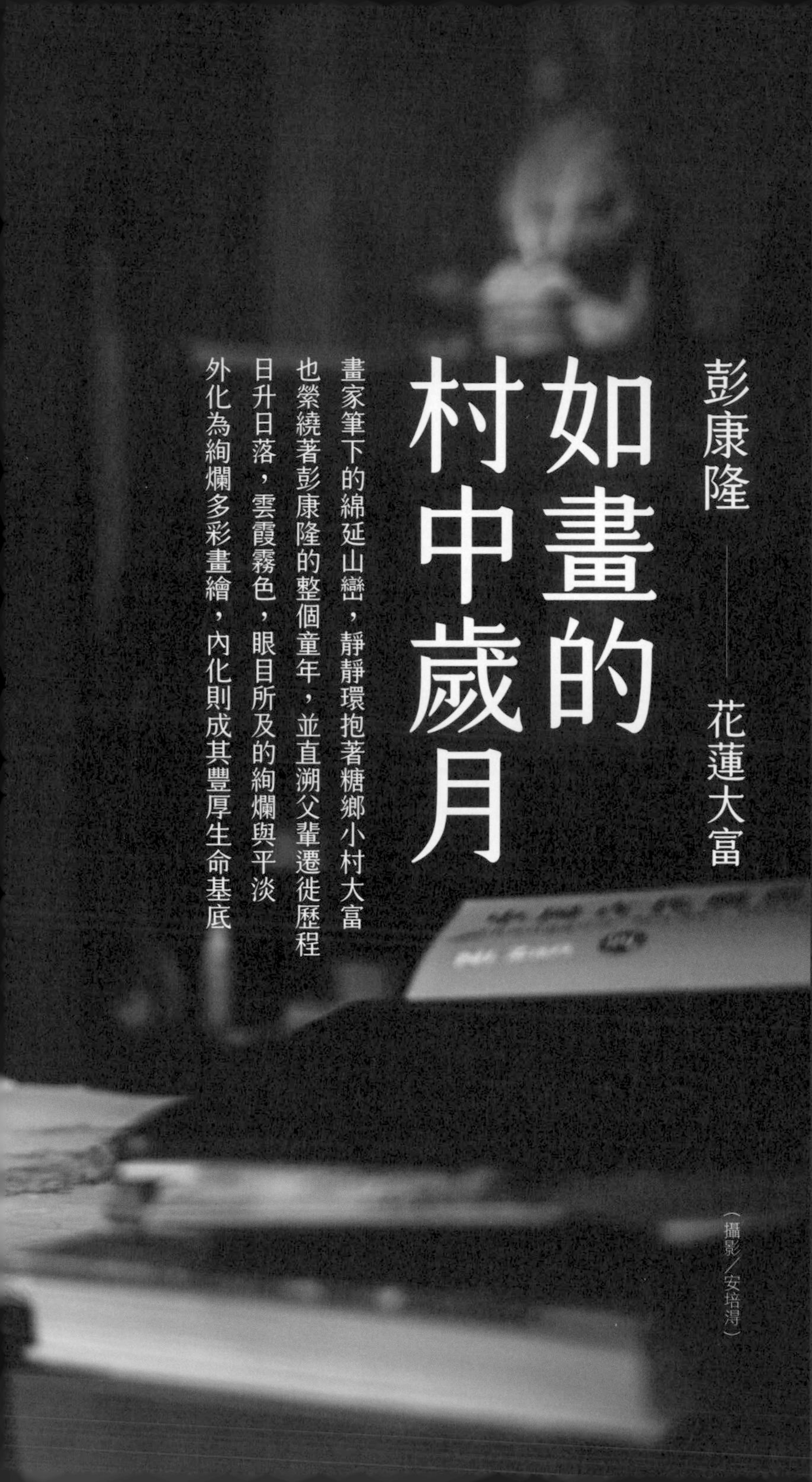

如畫的村中歲月

彭康隆——花蓮大富

畫家筆下的綿延山巒，靜靜環抱著糖鄉小村大富
也縈繞著彭康隆的整個童年，並直溯父輩遷徙歷程
日升日落，雲霞霧色，眼目所及的絢爛與平淡
外化為絢爛多彩畫繪，內化則成其豐厚生命基底

（攝影／安培淯）

我的一生乏善可陳，但要我聊聊故鄉之事，倒是一段令人魂牽夢縈的回憶。

民國五十一年，我出生於花蓮縣光復鄉的大富村，而在這美麗的花東縱谷中，有著中央山脈與海岸山脈的圍繞，享有著得天獨厚的地理條件與美景。

每當我開車回到故鄉，沿著海岸經過清水斷崖，返回到家鄉的花東縱谷，離家越近心情越是期待，總是感覺空氣中充滿大自然的氣息，那味道是熟悉的，是想念的，期盼著跟我的母親與家人見面，回到我從小長大的地方，令人輕鬆自在。村子的天空與房舍跟田野構成一幅大自然的畫面，如同畫作一般，家鄉的記憶就在我眼前慢慢地浮現出來。

我出生的村子有條溪流經我們村子，叫做「加濃濃溪」，原住民稱之「像火一樣猛烈燃燒的河流」，從小喜歡跟鄰居朋友偷偷到這溪邊玩水，但對於戲水，村子早期有發生些許意外的事故，父母總告誡不許到溪裡玩水。二次大戰結束後，日本人全數返國，花東地區不少移民村呈現空窗狀態，才使得來自天南地北的移民來到此處，也終於在這片曠野中找到落腳處。

彭康隆全家福舊照。後排左一是他，前排由左至右分別是叔公、父親和母親。

茅草屋頂上的麻雀

花東縱谷左右各有中央山脈與海岸山脈，日治時代台灣大宗出口的蔗糖與特殊口感的好米，均出自這塊土地。由於附近整個區域都是種植甘蔗，大富地區附近的住民不論是閩、客族群，營生幾乎都與糖廠息息相關，家中正是從事種植甘蔗的工作，此處多為早期廣東來的客家移民，而我的父親也是正在此刻移居來此。

光復鄉的大富車站是日治時代所設立的糖廠而產生，出了車站的前站即是大富村，後站即是大豐村，兩個村依大富車站比鄰而建，村子最興盛的時候，有五百多戶人家，每戶幾乎都有三、四名子女。我們村裡的小孩都是念大富國小，當時小孩成群，非常熱鬧，人口將近二千人。我的家正好就在國小旁邊，一牆之隔，直接翻牆就到學校了。

村裡有個富安宮，每年會舉辦「王公過火」的祭祀活動。而村子雖小，只有一條街，卻有各種商店林立，豬肉攤就有二家，雜貨店四、五家，理髮廳三、四

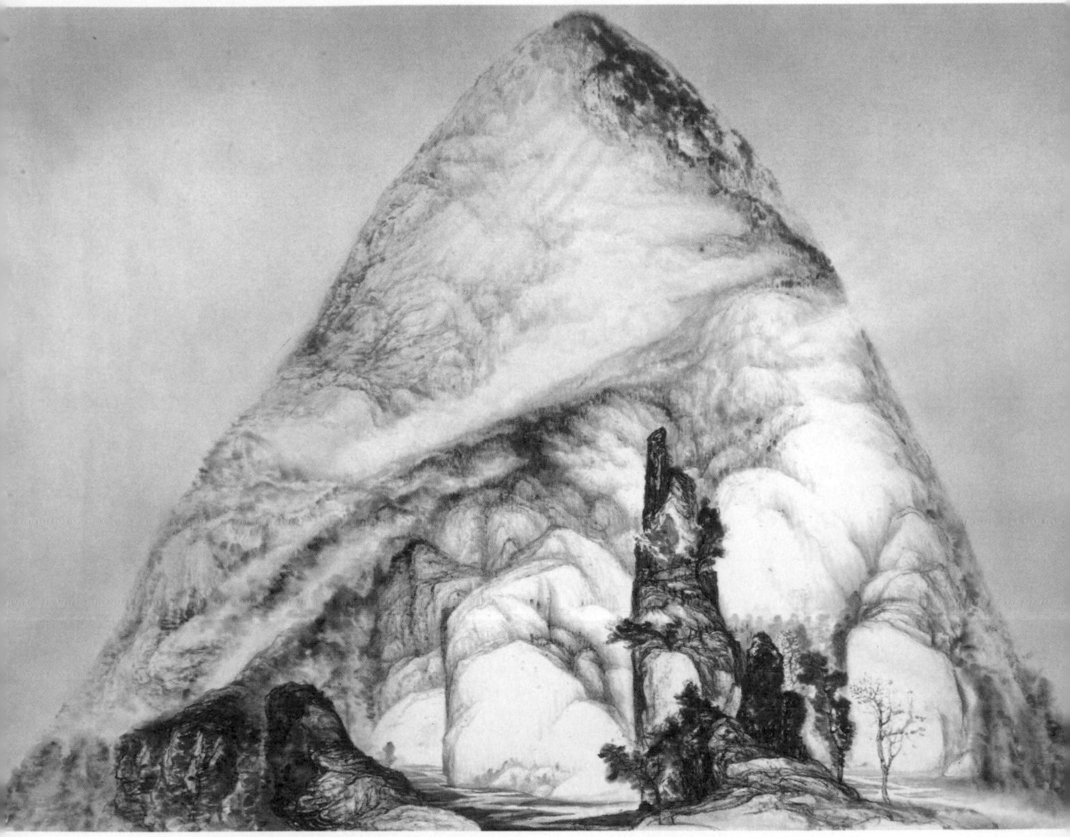

一座山？一頂斗笠？一位裹著長襖的修行者？令人浮想聯翩的畫作，是彭康隆故鄉的還原與重組。

遼闊舒展的畫作，許是大開大闔的花東山水意境，更多是寄寓纏綿無盡的土地熱情。

間、打鐵鋪、中藥鋪、冰廠、禮品店，糖廠就在我們村子的旁邊，附近留下許多日式房舍，非常有特色。

國民政府來台初期的移民，房舍大多是搭建草寮當作居所，而甘蔗園的葉子就是搭建草寮的原料，住在草寮屋則是我小時候很深刻的記憶。

甘蔗園是作為蔗糖的原料，那時麻雀為患，常影響農作物的收成，各家的房頂就成為麻雀築巢之所，在我記憶中，許多孩童三五成群拿著梯子爬到房頂抓捕麻雀，原因不外乎以下幾點：第一、可以降低牠們對農作的破壞。第二、活動本身就非常有趣好玩。第三、捉來的麻雀可以換取些許的零用錢。

台灣夏季的午後，常常有大雷雨，記得有一回，雨下得非常大，整個茅草屋都被大雨整個浸潤了，我跟弟弟就躲在雜貨店的屋簷下，就這樣看著大雨直到雨停。有一次村裡遇到颱風，大雨滂沱，雷雨交加，茅草屋岌岌可危，我們幾個小孩心生恐懼，父親安慰著我們，告訴我們這是他手工蓋的，非常堅固，不用害怕，果然經過幾次颱風大雨都沒有損壞。

麻雀雖小，卻五臟俱全的村子，理髮廳、雜貨店、中藥鋪等一應俱全。

（圖／赫格提供）

而這個所謂堅固的草寮，卻在我小學一年級時，被村子裡發生的一場大火所燒盡。我記得自己半夜被叔叔叫醒，然後只帶著我唯一的財產：上學的書包逃了出來，不久之後，火焰瞬間將整條街挨家挨戶所搭建的草寮全部燒了起來，我與全家人就坐在圍牆邊上，看著大火把我們搭建的房子給燒掉，包括，我們村裡養的小豬，也都變成烤乳豬了。

現今存在的屋瓦房，是後來村裡居民幫忙重建的。如果你來到村子裡，可以看見幾乎每一間的庭前都蓋了小池塘，原因就在於歷經了那場火災後的經驗。

甘蔗田裡的母親背影

在貧窮的年代，作為小孩子的我們卻不感覺到貧窮與富有的界線是那麼的清楚。此時的父母必須倚靠生產才能賺取生活的開銷，而全村的生計幾乎都是跟這一片甘蔗園息息相關。

當時為了養活家庭，除了自己的田地，母親也承包甘蔗的種植，甘蔗的種植

「王公過火」是過往大富每年都會舉辦的祭祀活動（上圖）；一九九七年間，小村附近甘蔗田收穫情景（左圖）。

（圖／赫格提供）

過程非常辛苦，每天清晨三、四點就須開始種植的工作。後來我常常在清晨陪伴母親工作，才發現此時的天空，光影隨著時間變化著各種色彩，有時一種色彩卻有各種層次，從微光的深藍慢慢到太陽出現變成橘紅，有時只感覺到是一瞬間而已，而清晨山林間的霧氣跟周圍遠山圍繞的雲氣與山後出現前的奇幻光影，此刻的我感到大自然所產生山色光影真的是絕美的影像。我小時候心想，母親選擇在這時候工作也頗為愜意，這也為我走向山水畫的創作之路，埋下了一個種子。

母親每日的工作就是趁太陽出來前的清晨出門，直到晚上七、八點後才能結束。她是非常刻苦耐勞的母親，有時為了生計，甚至願意額外承包下一般人所難以承受的種植面積。每當我看到甘蔗種植成熟後，滿滿的甘蔗錯落有致的排列在園中，我無法想像母親如此小小的身軀，是如何一個人背負上百捆沉甸甸的甘蔗，

題名為「枯楊生華」的畫作，粉紅色紋路狀若花東特產的玫瑰石。

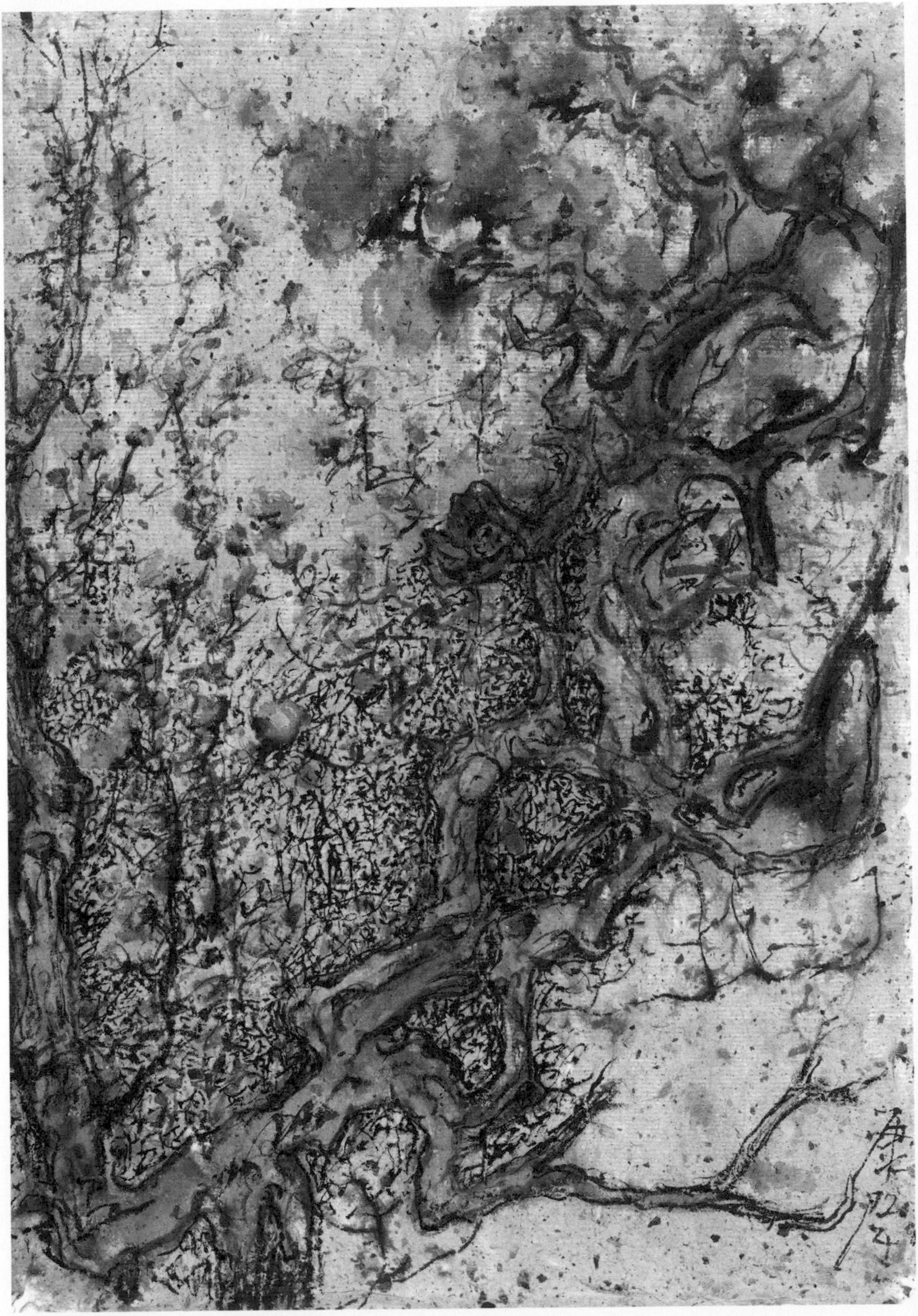

慢慢地一根一根將它們種植完成？現在回憶起都感到非常的不可思議與不捨。

由於母親非常認真工作，有一次背著我上山砍柴，連續幾日大雨，我受了風寒，得了濾過性病毒，我腳上的疾病，也是因此而來的。在父母農忙時，姊姊就須分擔起家中各式各項的家務與簡單的農活，就如母親的角色，並要煮食給我們四姊弟們，讓我們四個小孩不至於挨餓。種植甘蔗閒暇之餘，我們還須幫忙母親整理山下自家的農田，我們的田其實非常貧瘠，土壤的雜石很多，不適合種植優質的作物，而當時也沒有多餘的錢請來機器整地，僅能用手將石頭逐一取出，將這些石頭堆砌成石頭牆。

將歷史入畫

我的家是從廣東移民來的，民國三十七年，父親十二歲與叔叔輾轉來到新竹，後來經過南台灣，抵達花蓮光復鄉落腳。身為廣東移居而來的務農家庭，父親從沒想到家裡小孩能考上大學，而當時我考上北藝大時，他難以置信，後來請補習班老師打電話給他，他才確信我考上大學了。本來為人較低調內向的他，平日在村子裡都是沿著街邊走，而自從我考上大學後，他在村子裡都直接走在路中央，感覺父親都開始跩起來了。

村裡還有個趣聞，在我們村裡頭是有貴族與平民之分，何謂「貴族」呢？在村

彭康隆學生時期大富速寫，遠山林蔭泥土路，盈滿芬芳。

民的口中，所謂貴族與平民的區分，就是貴族的家庭，他們在睡覺時會換上睡衣。所以你可以想像，當時有能力買一套睡衣入睡是多麼奢侈的事情，而當時鄉下普遍貧窮，一般家庭僅能穿上簡單衣服入睡就不錯了。我覺得跟貴族之間總有些距離，有一次這位貴族家的同學與我們分享了兒童讀物與食物給我們吃，我們才開始覺得跟她的距離沒這麼疏遠。

因為出口蔗糖的關係，村子留下許多日治時代的房子，無論是廠房、穀倉及生活居所都非常有特色，包括各項農機具（如俗稱火犁仔的火犁曳引機）都是存在我的腦海裡。隨著產業結構改變，鄉村裡許多房舍開始被拆除。村裡有位導演「赫恪」，是個非常特立獨行的藝術家，他對於村子有種使命感，希望能將村裡的歷史拍攝下來，建議我帶領學生或是藝術家將村中的各種回憶畫下來，希望能讓此段的記憶呈現在大眾眼中。因此我舉辦作畫活動，帶領我的學生們，邀請過幾位法國與中國大陸的藝術家來此作畫，他們一一記錄下來，並將作品留在村裡，希望能記錄下這個村子曾經度過的美好時光。

我每年都會帶學生到村子裡寫生畫畫，學生白天作畫，晚上住在家裡或村裡的活動中心，清晨四點開始集合，趁天還沒亮之前的四、五個鐘頭是創作最棒的時刻，到八、九點之後，帶著學生一起去吃早餐，然後到溪裡玩水，到下午回家休息一下，傍晚全部的人坐在庭前泡茶聊天，姊姊會準備豐富的晚餐給我們，因為浴室僅有一間，等到所有人都洗完澡已經接近半夜了，這個時光，是我每次帶學生回到故鄉寫生最快樂的日子。

花生、擂茶、石頭地

現在甘蔗園已經改為森林公園，慢慢的開始許多野生禽鳥都回來了，曾經有個日本朋友來村裡作客，夕陽西下，一天的農事即將結束，許多禽鳥群聚在林間休息非常嘈雜，正所謂倦鳥歸巢，有時候我作畫時間很長，就會到森林公園去走一走，這裡的森林之美，我覺得不輸給法國的楓丹白露的風景。

十年前母親中風，我把老房子旁邊改成一個茶寮，媽媽在閒暇之時，可以在

筆力遒勁的山岩前，一株不知名的靛青植物，婀娜中不失挺拔。名為「不出戶庭」的作品，彷彿是在現代化社會中，猶自靜好的故里。

茶寮休息靜坐，可以使用灶來煮菜，滋味都特別美味。每次我回花蓮停好車，第一件事就是先去茶寮起炭點火，準備喝茶，每次朋友來花蓮找我，我可以在這裡與他們煮茶品茗，與三五好友聯繫感情，這裡也成為我返回老家的生活空間，每次回來也在茶寮作畫，非常的輕鬆自在，一週後返回到台北，又有一張作品了。

小時候村裡很熱鬧，一直以為村子應該是不錯，直到有一次村裡開大會，偶爾在路上撿到一張紙條，上面寫著對於村子的形容，「民不聊生，地瘠民貧」，才打破了我小孩子單純想法。

由於我們的農地較為貧瘠，只能種植花生，小時候最深刻的記憶，是當花生收成後，我們必須將才剛採得的作物，全部抵給雜貨店，眼睜睜看著一袋不剩地全留給商家，才能抵扣我們平日跟商店賒欠的帳款。

農閒之時，父親有時會使用鍋子炒花生作為擂茶之用，從小全家都常喝擂茶，由於姊姊很會製作擂茶，當時風靡一時，喝過我家擂茶者，莫不讚許。許多旅遊團聞風而來，甚至包下幾十台遊覽車來到大富村這裡，只為了品嘗到好喝的擂茶，僅憑家裡幾個人根本無法負荷這些遊客，後來集合全村的居民，在廟埕辦桌才能完成這些任務。

而當時新竹的北埔還沒有擂茶店，後來北埔的朋友試喝過我們家的擂茶，表示沒有喝過麼好喝的擂茶，後來全台灣第一家擂茶店家「彭記擂茶」就在北埔開業了，也因此北埔的居民爭相仿效，擂茶一條街開始熱絡起來，成為國內外觀光客必去的觀光景點。

以前村裡非常多人，白天農忙後，傍晚時鄰居往來話家常，晚上小街非常熱鬧，當時我們的國小總共有十二個班級，單單小孩就將近四、五百人，玩鬧嬉笑打成一片，大家都很快樂。但自從花蓮光復鄉糖廠於十多年前關廠，許多居民到大城市謀生，現在的大富幾乎物事人非，顯得非常冷清，假日只剩下些許遊客會來此尋幽探訪，而我與村裡人的聯繫也越來越少了。當我返回台北前，常常會再看一眼舊街道，看一下村裡的狀況有無什麼變化，離開花蓮的感覺，就像是跟山水道別，而這曾經是我熟悉的家鄉，但如今回到家鄉，我已如一名過客一般。◇

最在地 也最全球化

楊憲宏——台南

主祀福德正神的文龍殿，在安平古堡旁的巷弄中屹立逾二百年
在殿內的王船與劍獅壁飾前，移居台南的資深媒體人楊憲宏
在細思古都前世今生的同時，也對它的未來寄予無限期待

楊憲宏，資深媒體人。記者出身，曾於報紙、雜誌、電視台等媒體任多項要職，曾獲行政院新聞局金鼎獎，以「走過傷心地」系列獲吳三連文藝獎報導文學獎、曾虛白新聞獎等獎項。

移居台南市十年了。完成了一個少年時代的心願：這輩子一定要住遍「一府二鹿三艋舺」。從小在彰化長大，鹿港是騎腳踏車可到的地方，週末常常到鹿港附近海邊玩，海灘上有小蟹、彈塗魚，河海交界半鹹水魚更多。少年夏日午後的記憶，全都是帶不回家的各種漁獵的歡笑。

小學畢業才知道有「台北」這回事，很好奇聽說「重慶南路」整條街是書店，還有都是舊書攤的「牯嶺街」。高中一年級寒假與同學共謀一起去台北考「轉學聯考」，考上了師大附中，終於到了常有書展的台北市，最常有書展的地方在今天大安森林公園靠近信義路的「國際學舍」，在離師大附中不遠處。大學時念的台北醫學院，也在信義路盡頭。

住台北超過四十年，覺得太久了，冬天的陰溼凍冷，漸漸不習慣了。特別是當八十八歲的母親搬來台北同住，這樣的天氣對老人家來說很折磨。有一天，下決心與家人說：「我們搬家，離開台北吧！」

有一整年的時間全國看房子，從宜蘭、桃園看到高雄、屏東，妙的是選房子

台南開隆宮「做十六歲」的成年禮活動時，扮演狀元的青年騎馬遊街行經國立台灣文學館前。（攝影／安培淂）

時，老跳過台南，原因是台南當時都是透天厝，照顧媽媽不方便。

剛升格為直轄市的台南市，其實人口不足兩百萬，但行政院在升格的過程中，卻以台灣歷史國定古蹟半數在台南為重大理由，決定列入名單。這個訊息對在二〇一〇年全國到處看房子的一家人來說，是「重訊」。加上南北奔忙看了一年房子，不是格局不合，就是淹水疑慮，不然環保有問題，還有太浮誇、太貴，讓一夥人在北返高鐵上數度感嘆「算了吧！」直到有一次，在高雄遇到與台南淵源深厚的友人告知，台南開始建造大坪數的大樓，而且品質超越其他都會，價格平實。台南看屋經驗很獨特，加上古都特色是到處有古蹟，各種異國人文底蘊增加了看屋樂趣，外加隨時可遇美食，吃吃喝喝的紅利，還有台南建商的「愛台灣觀點」，都讓去台南成了假日風情畫。

在沙崙站下車，經過快速道，進台南市前有時候會經過灣裡、喜樹、茄萣等這些當年走踏過的西海岸小村莊。一九八〇年代，到處追蹤公害問題時，曾經獨自一人從南到北，搭乘客運車在省、縣、鄉與產業道路上穿梭。

深信信仰帶來力量的楊憲宏，年輕時，在教堂中受洗為基督徒（上圖）；很早就因為近視而戴眼鏡的他，帶著自由燦爛的笑容，留下中學時期的青春記憶（左圖）。

（圖／楊憲宏提供）

不但對汙染工廠的社會背景有田野調查的效果，也可以看到鄉親父老的臉孔與相談互動。

走過汙染的時代

三十年前台南海邊曾經是廢五金焚燒的汙染地，二仁溪流域是空汙、土汙、水汙的大面積集中場。當年寫「走過傷心地」系列報導時，見證了在台灣向下沉淪的時代，台南正是嚴重之地。回憶當年在現場的各種獨白、對話中，沒日沒夜的奔忙為時代留下的一段話：

「就在我們生活的山水之間，沿著被汙染的溪河岸邊行走，一草一石都背負著沉重故事，含恨靜流與迴盪不去的風，似乎細述悲傷既往。我非常相信『自然教我』這樣的文理。在苦思不得其解的日子裡，我常孤坐在山石溪岩之間，讓淡淡山水精靈入我心來，沉思過去，冥想孩童時的良辰好景。每個人的心中，都應有讓他真心喜愛，回憶起來會感到愛得心痛的山水景致吧！」（一個寫手「磨劍」

的故事，一九八五年十一月，《走過傷心地》序）

年少時代的浪跡紀實，如今讀來仍然驚心動魄，當時也曾留下這樣的見證：「台南灣裡燃燒廢電纜的濃煙中含『世紀之毒』的事實。社會大眾與行政單位人員隱約從這個陌生的字眼中，感覺到問題相當嚴重。對灣裡地區以燒電纜維生的業者而言，每天接觸的濃煙臭氣竟然含有『世紀之毒』，實屬經驗範圍以外的事。」如今這個歷史已經過去，可是每次經過二仁溪流域，仍然有一種刺痛感。

這個感覺在移居台南後，還發生了一次情感衝擊。

龍崎地區，百萬年的「月世界」奇景，一度被規畫為「有毒事業廢棄物處理場」，經過居民反對，現在已經改規畫為「地景公園」。過程中，二〇一七年過年時，全家人以「台南在地人」身分特別到龍崎關心，當時十二歲的兒子是音樂班學生，副修小號，到了這個起起伏伏的沙岳，夕陽下他即興演出了〈荒城之月〉。小號是會因情境而能表述悲歡心念的樂器，那時那刻彷彿聽見二仁溪水的再次愁訴，而龍崎正在二仁溪的上游。

龍崎是南台灣著名的泥岩地質區，為世界少見地質景觀。龍崎日出，更被視為與阿里山不相上下，吸引無數人來此跨年拍照。

二〇二〇年看到新聞報導學甲地區被亂倒大量含有重金屬爐渣廢土，很憤怒。其實雲嘉南地區一直有傳言說，高科技產業的廢棄物被人埋在水利良田下，八田與一曾治水經營的嘉南平原，如今正在崩壞……。

學甲海岸曾經是一個偷渡者的活躍地帶，三十幾年前到訪此地查找走私，聽說用大ＰＶＣ塑膠管建造的巨型漂筏，可以承重貨櫃，只要暗夜買通軍警，就能快速上岸。

正愁找不到證據出不了報導，有一天在學甲街上快炒店，遇到一群人中午喝酒，全是中國名酒，問廚房怎麼有？他打開儲藏櫃滿滿的洋菸洋酒、中國酒。拋下一句，「都是戴帽子的寄放。」回台北後發表一篇〈破碎的西海岸〉，很無奈。

雖然有這些傷春悲秋的記憶，其實全家搬到台南的心情是美好的。從二〇一一年起連續好幾個舊曆年，都在台南過，台北都在下雨，台南都出太陽。那種好天氣給人帶來的金亮心情，真是無價的欣喜。

移居初幾年，仍然因台北事多，還是北四南三的來來去去。夏天遇過幾次大

日治時期就有的全美戲院位於台南中西區，至今仍播放二輪電影。導演李安曾提及自己讀高中時，最常來這裡看電影。手繪看板是其特色之一。

（攝影／安培淂）

颱風，在台北家見天氣預報，西北颱風強雨驟，正在想怎麼辦？忽然一轉念，回台南家！

全家上車，趁颱風還沒登陸，高速公路仍然通車，急行軍，一路見到山雨欲來風滿街，飛奔到台中，才感覺車行稍穩但仍然有風有雨，一到嘉義，感覺過了北迴歸線，突然可以看到天空，回到台南，「風力於我何有哉？」

台南平原向東有中央山脈銜接大武山群屏護，因此少有風雨侵襲，即使全台都風雨不停，台南仍然平靜安寧。

賴清德當市長的時代，就有注意到台南地理天候特性。他之所以被稱為「賴神」，是因為二〇一二年四月天秤颱風時準確的決策「不放假」，當時南台灣縣市都在前一晚就決定停班停課，唯有台南市到清晨才決定「不放颱風假」，雖然賴市長一早被網民罵爆，但那天台南果然風雨很小。網路評價隨後大翻轉，網民改口大讚決策正確，預判精準，「賴神」之號遠播。

那次，我們全家也是從台北夜奔台南「避難」，回到台南徹夜看電視電影到清晨，既無風也無雨，隨即看到賴市長的不放假宣布，印象深刻。賴市長在市府守望到清晨，下班後記者拍攝到他去一家羊肉湯店吃早餐的背影。

一早就有羊肉湯、牛肉湯、虱目魚湯、肉燥飯，剛定居台南時很開眼界。早餐就吃這麼飽食的東西，這應是農村文化的承傳，古都特色。後

新美街鄰近赤崁樓，牆壁彩繪吸引遊人目光。（攝影／安培淂）

來發現，半夜也一樣，不只是這樣的重量級美食有「深夜食堂」，水果攤一樣開二十四小時，連五金雜貨店都是「公主徹夜未眠」。這樣的庶民文化太可愛了。

古都其實很新潮

有一天發現市中心一處啤酒專賣店，布置有若在比利時看到的「瓶罐店」，果然歐美各品牌啤酒一長串都在列，生意興隆。不只如此，二〇二一年歐洲名車保時捷來台南設點，還有手沖咖啡佐賞車情境，也新設大型維修廠。到新建豪華大樓的地下室停車場繞一圈，就知道為什麼。聽說，台南人的保時捷購買力驚人，震撼外國原廠。古都原來是這麼新潮。

安平港內停泊的不只是漁船，還有一艘艘帆船、遊艇，都是千萬元起跳的大船，船主們都是企業家，休假日常到港邊開 party，一艘接一艘出海吹風，情景完全是西方，像極舊金山碼頭。很多船主是北部來的，安平港是天然港，潮差小，不像其他台灣港口浪太大，停泊帆船難以承受。在健康路三段尾往漁光島前進，正開發新的休閒海域，曾經規畫成「自由貿易港」的碼頭其實可以轉換成帆船遊艇停泊水域，這將是台南獨有的美景。

前兩年，舊市區運河開始有小船載客遊街，很有法國塞納河的感覺。聽說日治時期，日本人在台南建城，規畫道路時建了五個圓環 (roundabouts) 就是仿巴黎都市的構想。

奇美博物館內展出的西方藝術，更在台南增添了羅浮宮的美學。

奇美創辦人許文龍是了不起的台南人，他收集義大利名琴 Stradivarius，三百多年前的製作，全球僅存七百把，據說奇美博物館就收藏了十分之一。台南是全球擁有這名琴最多的城市。

將近二十年前，還未移居台南時，記得是個週六下午，我曾經到友愛街拜訪許文龍，與他暢談理念。那天是許先生固定的家庭音樂會，十幾位音樂家到客廳，各自選了樂器坐下，許文龍特別挑了一把他剛買到的 Stradivarius，是 Mischa Elman 當年用的名琴，真奇妙，在此一個月前我剛剛買了英國ＢＢＣ的紀錄片，看過 Mischa Elman 拉這把琴的錄影帶，當下興奮莫名，許先生竟然說：「聽說你會拉琴，要不要試試？」簡直不敢相信，拿著價值超過一億元以上的名琴，就即興參加了這場客廳音樂會。

這樣的經驗永生難忘，果然古琴是活的，在拉曲子時，有一種突然進入的手感，自然將左手指移動到高把位，特別是甜美無瑕的A、E絃極高音的互唱。聲線在單雙絃交互和音中共鳴，可以感受到是古琴在帶動。可能是歷代偉大的音樂家已經將這些高把位的音色拉開了，後輩拉琴的人自然被吸引去尋找更甜美音色的把位。

從此，什麼是最美琴音，永記腦海。這是一段台南奇遇記。

二〇二四年是台南建城四百年。台南是台灣最早全球化的都會，既是古城，

雖然是古都，但台南卻中外貫通，古今皆宜。由企業家許文龍創辦的奇美博物館中，羅丹廳裡的雕塑「沉思者」，讓民眾不出國就可看到大師作品。

也是科技城。這是一個人文科技雙軌並行的大遊戲場。

今昔都是全球化重鎮

台南有夠多的唯一，有機會逐步發展成第一，天時地利人和因為正在具足。台積電到台南設廠是個重要的啟示。也就是，世界重新發現台南，而台積電也在台南重新找到自己。投入了人文歷史的川流，這對高科技產業來說是全新挑戰，也只有台南在地的全球史觀才能讓台積電形成一種可以更上一層樓的真正世界級企業精神，這是台積電投資台南後必須補足的修煉，不只走向1奈米，走向量子，更要走向人文價值的抽象概念。台積電的大人們應該選一天好日子，放下手邊工作，一日暢遊懷抱古都之後，告訴大家：「我也是台南人！(Ich bin ein Tainanian!)」

一四九二年哥倫布發現新大陸，開啟了全球大交換的「航海時代」，一六二四年荷蘭人的船到達台灣，在安平建立了台灣第一個與世界交流的港口。

台南運河旁，林默娘公園裡的媽祖雕像，靜靜俯瞰這城市的遞嬗變遷。

四百年來，不只有荷蘭人禮讚這個府城，英國人也來了，德國人也來了，美國人也來了，日本人也來了，中國人也來了。他們各自留下了古蹟（西班牙人在台灣北部），形成了不同文化的人文互融，各種不同思維板塊在台南都占了一席之地，在台南都得到包容。

四百年來，不同的文明在台南落地生根，不同的信仰在台南各得發展，讓台南成就了美麗的人文景致。

感恩與包容是台南的城市特質，開放和創新更是台南的人群共識。這個歷史脈絡，從四百年之前上衝至史前人類遺址發現，甚至更早台灣地質地理的浮沉。台南真該在二〇二四年辦一次「台灣博覽會」，若成真，那將是市長黃偉哲未來的重磅「超級任務」。

宗教與科學家在台起點

許多台灣的發展，都是從台南源頭開始，再開枝散葉到其他縣市。

台灣特有種鳥類二十九種，大多數的學名冠了英國姓Swinhoe，發現者是一八六一年來台南安平設辦事處（現西門國小操場），通曉華文的英國副領事史溫侯（Robert Swinhoe）。他的後代曾在二〇一九年到台灣尋根，高雄市有個紀念館，是史溫侯升上領事之後，移居高雄所建的官宅。

台南歷史最久的水仙宮市場，常見屬於庶民的生活日常。

時間總計四年，他在淡水、台南和高雄辦公務，到處採集台灣未曾被世界發現的物種。由他命名或因他有系統地採集而發表的物種名錄，共有六百七十種鳥類（其中特有種有二十九種，特有亞種有五十五種）外，還有近四十種哺乳動物（包括獼猴），兩百四十六種植物、兩百多種陸生蝸牛與淡水貝類、四百多種昆蟲，及一些兩棲爬蟲類、魚類、無脊椎動物等。他以博物學家的眼光記錄一百五十年前台灣生態面貌。所保存下來的標本見證台灣的自然史演變歷程，是台灣自然史拓荒時期最重要的學者。

台灣鳥類彩圖發表在十九世紀末英國鳥學期刊《IBIS》，每幅台灣特有種鳥圖都精工細繪，美極了。

一六二四年荷蘭船到台灣，聽說魏德聖導演計畫「台灣三部曲」電影正在復刻打造這艘船。這是值得探究的台灣全球化歷史的起點。當年隨船來台灣有荷蘭基督教喀爾文派牧師，一開始就在麻豆地區建立傳道所。荷治三十八年期間自印尼巴達維亞東印度公司共派過了三十位牧師駐台。

荷蘭牧師與西拉雅族之間建立了信仰關係，還用羅馬拼音為西拉雅族整理了他們的語言，並將《聖經》翻譯成西拉雅語，讓原住民直接用母語信靠上帝。這些《聖經》至今仍然存在西拉雅村落教會。

後來不只西拉雅族語有羅馬拼音，台灣話也有，都在教會《聖經》中保持了母語的文字化。馬丁路德在十六世紀將拉丁文聖經翻譯成德文，許多德國人因此受惠，學會了自己的書寫語言，這是德國現代化的基石。

蘇格蘭牧師巴克禮與馬雅各在一八八四年從英國倫敦運來了一台改良型的一四五〇年代「文藝復興」古騰堡印刷機（非哥德體字型），從此台語文可以用羅馬字印刷《台灣教會公報》。這台印刷機仍然健在，復刻版在台南教會公報社書店中，可以去玩一下文藝復興時期的印刷呢！

羅馬拼音教育在台灣始於四百年前，荷蘭牧師各個用心用力，除了寫下《福爾摩沙島的對話與簡短的故事》(*Discourse ende cort verhael van't eylant Formosa*)的甘治士(Georgius Candidius)貢獻極大之外，另外一位在台南殉道的牧師也值得紀

CTS-0577

在台南運河河口，落日映照河面，波光粼粼。一艘回港中的小漁船，是否在某些魔幻時刻，驟然想起了同樣的河面，有過無數船隻的往來？

念，韓布魯克（Rev. Antonius Hambroek），一六〇七年生於鹿特丹，一六四八年四月二十日抵達台灣，一六四八年至一六六一年間，他在麻豆地區擔任牧師，曾參與《聖經馬太福音》、《馬可福音》的新港語譯本修訂。

嚴格說來，根據台灣基督長老教會的文獻記載，「台灣首學」不是鄭成功王朝在一六六五年陳永華所建立的「孔廟」，而是在一六三六年由荷蘭人在新港社（今台南新化地區）為當地孩童開設的學校。該校目的是培養學生讀寫能力，早上用西拉雅語上課，下午則用荷蘭語；至一六四三年已有部分學生能書寫。後又於一六五九年在蕭壠社（今台南市佳里區）設立基督教神學院，稱「蕭壠神學院」（Seminarium te Soelang），是台灣第一所高等學府，根據濟南教會牧師黃春生說，首任院長是韓布魯克牧師。而不論首學如何爭議，都發跡於台南。

這段台灣人文歷史有著全球化的軌跡，也是根植台南。

難分軒輊的美食

寫台南很難不提美食。一位台南老友在十年前剛剛移居時告訴我，每天三餐都吃不同家，保證一年都吃不完。而每個自認為「台南通」的，他們手中的「美食地圖」都差異不小。

我的地圖不在店攤而在市場，台南不但有早上市場，也有下午市場，市場裡的鋪貨都極新鮮。我的名言是：「不要帶著想買什麼去市場，去市場看看再決定買什麼。」在台南更是如此，看到才買，是台南食之文化要義。

台南不只有豐富的、說不完的精采過去，更有一直來、一直來，不停歇的未來，義美食品總經理高志明，他同時也是台灣數位發展與政策協進會理事長，不久之前在媒體發表長論，提醒政府，行政院新成立的「數位發展部」總部應該放在台南，科技大老施振榮馬上讚聲支持。

這是，你所不知道的台南。◇

家住溫泉鄉

雷驤——台北北投

怡然獨坐在北投自家庭院的雷驤
多年習慣帶上紙筆漫步北投大街小巷
從浴場變身的溫泉博物館，到新北投驛
在他眼裡，北投多年仍是舊日樣貌
但在歲月更迭中，卻也悄悄起了變化

雷驤，創作身分多元，集畫家、作家、攝影師、紀錄片導演於一身。曾任小學教師、節目製作人，獲台北文化獎。出版散文、小說、圖文畫冊等超過三十本；作品獲金鼎獎、金爵獎、金鐘獎、金帶獎等各大獎項。

（圖／雷驤提供）

已經是四十年前的事了。

剛定居北投，每天一清早便夾著寫生簿，一支濃黑的鉛筆，在市集街衢到處觀看繪寫。走走停停的樣子，像極了漢字中的「趖」：走幾步，停一停。

磺港路市場二樓有一攤名為「鼎邊趖」的，將麵糊淋在寬寬的鍋邊，待它凝結後，翻落鍋中高湯，熱騰騰的一碗獻上，滑溜適口。我時常光顧，邊吃邊觀察其他食客們。

四十年前的北投，算是靜謐和諧的小鎮，一條居中穿越微微上升的光明路，兩旁的建築大抵是二或三層，天際線和緩，終點是座歷史悠久的公園。

公園裡一株巨大的白千層，一座砌塹的粗石橋，給人難忘的印象。至今，四周圍早已大廈林立，但遠遠的還是可以看到聳立五層樓高的那一株獨立怪松。

這條主街的光明路，看起來變化不算大，只是兩旁大樓的突起，路面顯得更窄了而已。

公園布置有一座腎形的水塘，臨旁建起一座木造的圖書館，那巨大、向上崛起的屋簷，像滿載書籍文物的寶船，緩緩佇停在那兒。到了夜晚，人們還可見它玻璃窗透出燈光。

鄰旁有一露天溫泉浴場，浴客出入川流不息，與不遠處那座古老的「瀧乃湯」遙遙相對。這兒是「新北投」發祥之地，嗜愛溫泉浴的日本人，逐

雷驤手繪北投梅庭。這座日治宅邸曾是于右任的避暑別館。（圖／雷驤提供）

漸拓展出此一特色，後來的新北投鐵路支線也由此而來。

沿著這條磺溪，至今仍為地方特色的展布，諸如橋亭、棧道，路經的巨石與瀧瀑之景。

不遠，由日本將軍宅邸改為「梅庭」，一度乃書法家于右任的公館。此館常設除了于右任的書跡捲軸外，並不做其他方式的展出。我們有時想：這一幅幅靜態的觀看，難道沒有別的方式打破單調，使進入館內參觀的人領受更豐富的文化浸淫？譬如，我所知道的于氏不僅是位革命家，同時也是詩人、酒仙，如果以「書、詩、酒」三個元素去發想該館的活動，想必更能生動的推衍出來吧？

「乾涸」的溫泉博物館

鄰旁一座聳立的紅磚建物，是為「溫泉博物館」——當初建造時它是「溫泉浴場」，如今廢棄其浴場的功能，只能以它空殼的屋子，一轉而成「博物館」，這是多麼可嘆的事！

梅庭，位在北投中山路上。曾經是書法家于右任的生活空間，今常設其書法作品展出。

前身是北投公共浴場的溫泉博物館，館內的半圓高窗，是其建築特色之一。

現在你走下木梯，看到當年浴場主體的一座大浴池，如今只是一個凹下去的、乾涸枯萎的空池子，人們在此可以欣賞到的，就只有彩繪玻璃的大窗，以及失去功能的沖淋設備而已。

當它規畫重啟時，有些人主張（至少我十分堅持）這個大浴池理當恢復。荒棄時代，連門口那一座小小的石亭都打算被用來作為「理髮部」，這樣被糟蹋的古蹟，我們無不期望它能回復光榮完整的過去。

但事實最後還是保留了一個毫無意義的空池子。他們的理由是：如果引進礦泉的話，將腐蝕上層樓的「展覽品」。我們不禁就要問：當年的建築設計是如何成立的？

離開這個空洞的、憑弔意味的浴場，我們再到上層看看所謂「展覽品」，那無非又是看板圖表，影視節目廉價的自動播放。

在另一個小空間裡，播映以北投為拍攝場景的老電影，諸如《溫泉鄉的吉他》等，製片雖然粗糙，然而保留了北投一地今昔相異的景象，十分可喜。

經營超過半世紀的「時代理髮廳」，矗立在新北投捷運站附近，歷經無數年齡形色人等，見證北投今昔。（攝影／劉子正）

主屋中，面積最大的是稱作「大廣間」的、鋪滿榻榻米的集會場，大約當年是浴罷的人們閒適坐臥的地方，如今整個保持淨空，四周立著「禁止踏入」的告示小牌。

豔女、酒肆、那卡西

我初初搬家到北投的時候，約莫四十餘年前，那時北投飲酒交際業正熾盛。有一晚，駕車在彎曲的山道行駛的時候，車燈照亮前方，路邊一踉蹌的一雙白腿，顛蹼前行，此女左右歪斜，終而蹲地嘔吐。這是沒有經驗的伴酒娘的哀歌。這使我記起一首女詩人的句子：

做人要學麻雀，麻雀不會因為父親要喝酒而去穿高跟鞋。

麻雀沒有病只有死。

極盛時代北投的山道景觀，即一車車遊覽車滿載日本遊客駛過，在旅邸前停佇的時候，可見孩童少年懷抱埔里製作的台灣蝴蝶標本，揚舉跳躍，以期觀光客購買，作為旅台的另一項紀念品。

我的一對年輕朋友想在北投覓屋定居，看了幾處靜巷中的房子，終於擇定一處。哪知到臨晚，華燈初上的時節，喧鬧忽然開始，那卡西擴音、酒客醉歌不歇，自四面八方傳來，那白天靜悄悄看不出來的房子，原來都是作樂的歌場！

一種手把左右各飄著色彩豔麗的打檔重機車，在山道上穿梭出現，尾座常常斜掛著一

雷驤的速寫作品裡，記錄了許多北投的日常生活；例如「萬居仔泡茶嘛！」（圖／雷驤提供）

名衣裙開高叉的豔女，往某旅邸馳去。

我們年輕時代，會在道邊看著這種車子前去，並算計它往復的時間，青春的無聊便這麼悵然耗去。

行走這些山道，你會發現覆蓋厚木塊的人孔，冒著硫煙，底下是從泉源分流經過的水管，縱橫交錯布滿北投地區。本地的自來水辦公處，有一項特殊的服務，曰：「溫泉股」，它架設輸水管線到用戶家中，並按管徑粗細每月徵收費用。當然水量與水溫，得視自然供給的情況變動。

環繞道路的澗水溝，常有冒煙的磺水流出，不明就裡的觀光客，欣悅地在路旁脫鞋沐腳，有關單位出示告牌：「此為家用放流汙水，請勿泡腳！」

禁娼令之前，來北投做生意交際的風氣鼎盛，我初初搬遷來此，難免有惡友

帶上紙筆漫步溫泉鄉，日常路邊小攤買賣，也成一道風光。（圖／雷驤提供）

1992.4.4.

自台北來舍，相邀同去。此類風月場之旅邸、酒店雖屬公開，但對來賓也頗有防範，不熟之人甚或遭拒。我勉強前去，因面孔熟而過關。

入座後片刻間酒菜上來，以影視明星為花名的伴酒娘，紛紛湧上來，那卡西大作，荒腔走板的音調彌漫。此時我便想起臨行前妻的叮囑：厭煩了，就打電話來，我去接你！

於是，我總在瀕危時得以走脫。

暗夜中的盲人笛音

自北投市街往郊外行，那聳立的、噴著硫氣的雄渾山景，吸引著外來人們前往拜謁，自遙遠公路上，即見那座彷彿崩塌不斷的懸崖，硝煙隆隆升騰，藍天白雲下的雄姿，令人興起膜拜之情。

想像十七世紀那個好遊歷的杭州人郁永河，歷盡千苦自竹塹（今新竹）到南崁（今桃園）「不見一人一屋」，抵達這個眼見的寶山，可想見其欣喜之情。

現在公路曠達，滿山細密的箭竹搖曳。往日北投市場可購得這種細嫩的箭竹筍，只限當地居民可採摘，現在卻久不見此物。據說，曾有人入箭竹林間因失途而亡。

女兒光夏曾為了記錄溫泉區的各種聲息，四處覓求。其中之一的按摩盲人，夜晚持杖吹笛召來，吹著那支僅只三、四個音階的短笛，夜闌人靜時，發出嘹亮淒厲的樂句，悠遠中總透露出寂寥的意味。

初初在電話中相約會見地點的時候，女兒就十分驚訝，那盲人對北投地物道路之嫻熟（現今已少有吹笛巡梭，多半由旅邸打電話預約）。女兒有一段文字記述她初見盲按摩人的印象。她寫道：「像荒野中獨行的鏢客，他杵杖點地，一邊吹響他的盲笛，夜風撲打他的外套作聲，此刻任何道旁的聲息，都有可能是招應他的訊號……」

偶或，從窗縫洩出一條燈光，或是撥彈三弦的琤琤聲，於是這溫泉地的舊日風情，便漾了起來……。

我雖然定居北投不過三數十年，然而正逢它劇烈的變遷，一家歷史悠久的日式旅邸，因兄弟分產而歇業了，不幾年，木棟崩塌，瓦頂陷落，夜晚路經時，森森然有鬼氣……。

Google 導航常捨正面的中山路而推崇此溫泉路，原來乏人行過的背道，假日竟至于塞車。

這背道的另一邊是著名的「地熱谷」，整年沸揚水氣，倘一陣風吹過，猶如仙笏一掃，瞬間，人們便看到池面以下七彩，宛如地底之絢爛。過去，許多遊客便以此沸騰之硫磺水煮蛋，落水燙傷之事時有所聞，於今禁絕。

從北投驅車，四十分鐘內，便可抵達一千一百二十公尺的主峰，大屯山群盡收眼底。若在午後，山嵐急湧，視線不能穿透前方四公尺。

支脈有「大屯自然公園」，行車間常見稜形路標，繪有猿猴吊臂的圖案，可

從溫泉路往上走，大樹蔭下，一處溫泉溪流，供居民或旅人免費泡腳。（攝影／劉子正）

見常有動物穿行其間，必須加以留意。山腳下當季節合宜時，可觀賞廣袤的海芋花田。

夏天，我將泅游的鍛練改在露天的「七虎游泳池」，而非素常的「北投運動中心」。當一日將盡，陽光稀薄為目力可直觀的時候，覆蓋泳池的黑紗網便自動緩緩收合，仰泳的我，見小雨燕數百，上下啾轉竄飛，狀極欣喜。

市場、浴場、火車站

如前所述，我之初識北投全憑徒步遊蕩，一支鉛筆一本白簿子，每晨至少兩個小時，穿梭大街小巷，東張西望，時而道旁早食，時而停下來跟熟人打個招呼。迎面錯身而過的人物漸成熟稔，其中有幾人印象深刻。其一：右手臂套著PVC灰色塑膠管，拖拉一個籃子，沿街銷售洋蔥（有時是竹筍），手臂為何套在管子裡不知其故。又有一緩步行走的老人，雙臂各拄一木杖（不是普通手杖，而是任意裁切的兩根樹枝）。由於行進極緩，一段距離總會相逢兩次。老者佝僂，腰彎

處處流露閒適氣氛的北投，公園裡常見三兩居民對奕。他們心神專注在棋盤上，絲毫不覺自己已成畫家筆下的北投風景。

（圖／雷驤提供）

得很低，有時手拎菜蔬肉類幾種，想是自市場採購歸來。

一個骨骼高壯的男子，從路旁一間廢屋裡走出來，陽光已高照，這懶漢仍打著哈欠，施施然走向一個垃圾筒，想取一支半截的煙蒂。他目露兇光停步食店廊道，一個賣雜物的老婦即憐憫的給他小錢，但他卻向我走來，捧起我吃剩的半碗粥，一股腦兒傾入喉嚨揚長而去。

這些面熟或陌生的北投人，在我的晨間遊蕩中相逢，多年以來總不見老。據說，與磺溪溪床裸露著一種「鐳」的放射元素有關。

像北投自身一樣，仍是老樣子，卻悄悄的有了變化。

翻一翻我當年晨繪的圖景，那市場、街肆、浴場、交易和流動，滿滿一冊，於一九九二年集結成書出版，次年獲插畫金爵獎。

一個理髮鋪的小姐笑吟吟對我說：真好，先生夾一本簿子到處畫，像我們一樣，一張圍布、一把剪刀，就到處可以生財！

當年捐贈給彰化的某博物館的「新北投驛」，如今，歷經滄桑地回到故土，在光明路頭重新落腳，耗費重資又建造起來，不只是那英式農莊型的驛站，連帶也砌出一道短短的月台，停泊著單節式的柴油車廂，描寫出舊時的氛圍，夕陽斜照出那塑膠皮的座靠，幾個彷彿還在北投春夢中打盹的旅人，烘托出昔年的空氣。

一張年輕女子的側臉從車窗伸出，好像看到我正描繪著她，又不能確定，於是她微笑的別過頭去。

我站在那兒不動，目送著這單節柴油車廂，向無軌道的前方馳去。◇

廖鴻基，花蓮人。曾從事漁撈，執行鯨豚海上生態調查，創辦台灣賞鯨活動，創立黑潮海洋文教基金會，目前為海洋大學兼任副教授。多年來致力於多樣海洋計畫，著有《魚夢魚》、《最後的海上獵人》等書。

（攝影／劉子正）

廖鴻基——花東海岸

回訪太平洋抹香鯨

廖鴻基佇立灘頭，在花蓮大橋旁國姓廟石碑堂海濱
透過他的海洋文學，人們對島嶼右側的太平洋有史深認知
帶著虔敬的心一次次回訪大海，期望再覓得鯨豚花小香蹤跡

清明前後風向逆轉，即使偶有鋒面也是扭捏快閃，氣勢已盡。溫熱的太平洋氣團隨日晒角度逐步往北推進，季節轉換，冷熱更替，海面上鬧了一季的北風浪，如花季過去的花蕊不再趾高氣揚。

台灣東部太平洋海域，明顯一闔一開兩個季節。中秋過後到隔年清明大約半年的東北季風期，這期間漁港幾近停擺，漁家稱為「東海」，意思是漁季結束了；直到隔年清明到中秋這段春夏期間，海事流通，海洋開門。

二〇二〇年公認不是好年，新冠病毒在跨年後引爆疫情全球肆虐，到處封城鎖國，機場一片蕭條。台灣因為防患得宜，出國旅行雖不可得，但清明後國內疫情趨穩，旅遊活動出口轉為內銷，並未影響清明後依序敲鑼開門的各種海洋活動。

瘟疫流行是陸地上的事，海上鯨豚來到船邊並無社交距離考量，牠們自在群聚一樣活潑熱情。二〇二〇年五月到八月，我們從花蓮港出航五個特別航班，每趟航程約五小時，並鎖定出航目標——尋找太平洋抹香鯨。

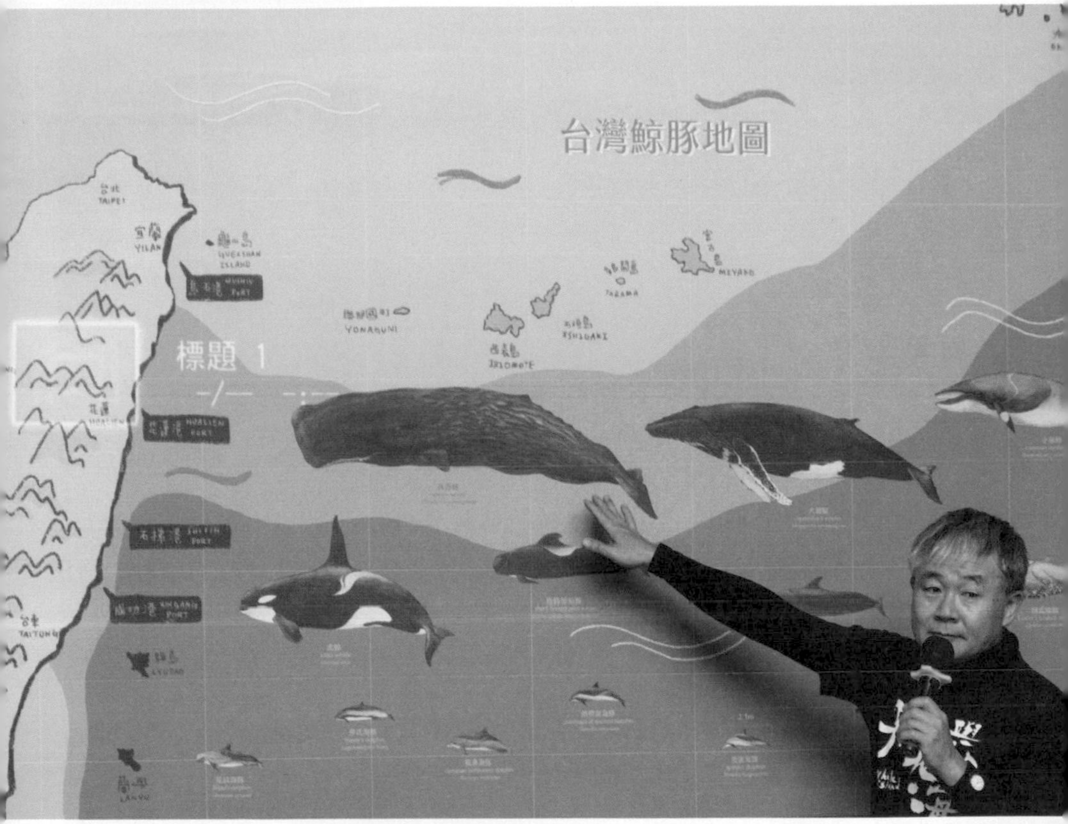

回訪抹香鯨計畫非一般賞鯨航程，為讓參與者對航海過程可能遭遇狀況有所準備，出發前會有詳盡說明。

（圖／多羅滿賞鯨公司提供）

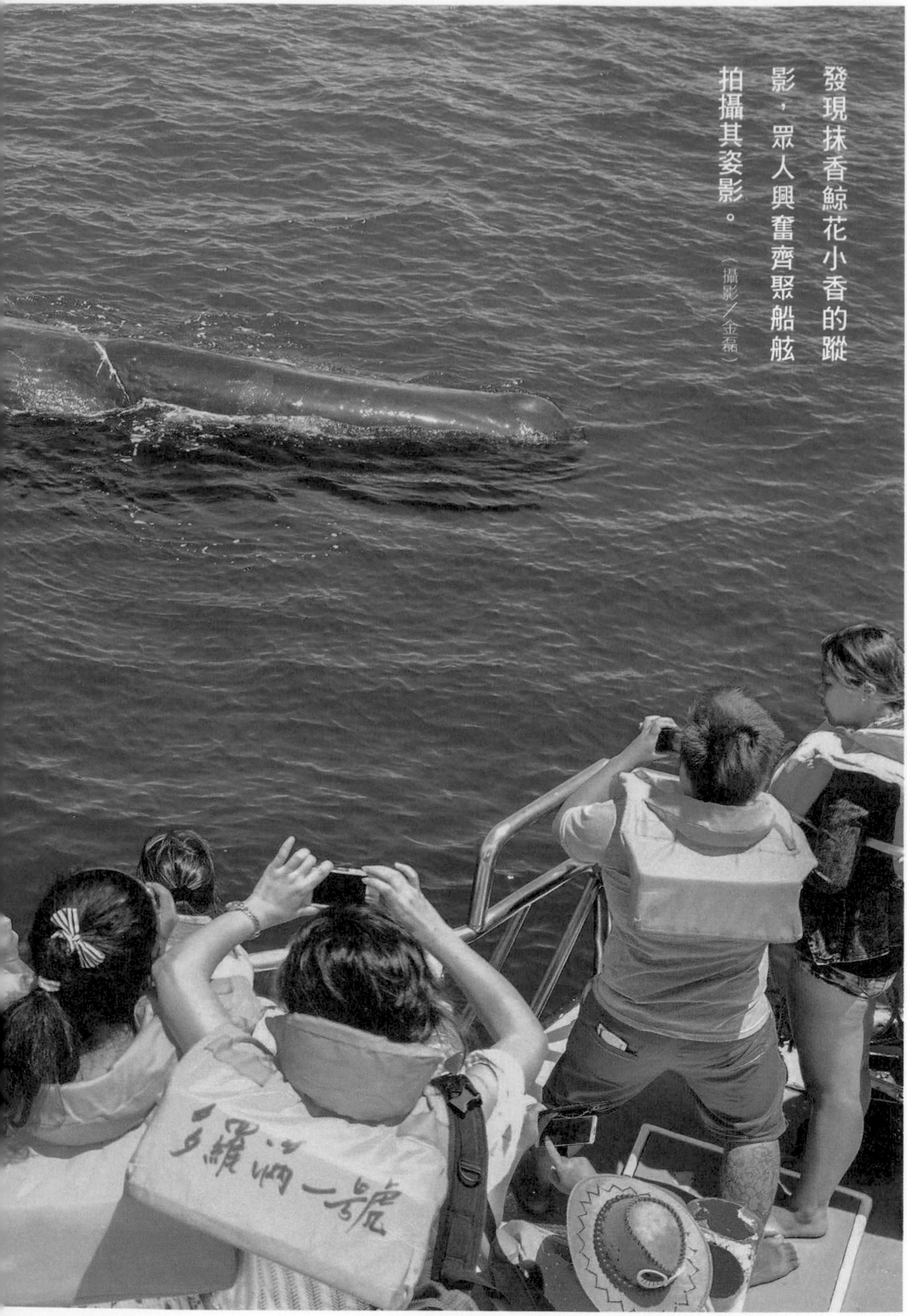

發現抹香鯨花小香的蹤影，眾人興奮齊聚船舷拍攝其姿影。（攝影／金磊）

多羅滿

回訪花小香 π 計畫

海洋無可預約，大海的遼闊深邃與神祕，沒有任何討海人敢打包票今天一定能抓到某種魚，也沒有任何一位賞鯨船船長敢誇言航途中能遇見哪一種鯨豚。有位朋友聽我說明尋找太平洋抹香鯨的計畫後，笑著說：「簡直是大海撈針，不曉得你執行計畫的信心來自哪裡。」

計畫籌備期間，恰好看到一部報導澳洲南部原住民召喚鯨魚的紀錄片。他們用白石灰在裸露的胸前畫一只像是「π」字的鯨尾，然後在崖上載歌載舞進行召鯨儀式。沒想到崖下果真有鯨魚被召喚前來，這情景讓拍片團隊無不瞠目結舌。澳洲原住民相信，鯨魚是創世紀的祖先，他們在崖上進行的召鯨儀式其實是在召喚祖靈。

我們尋找抹香鯨的航班也稱得上是儀式吧，並不為了召喚什麼，而是盡台灣社會的本分作禮貌性的回訪——「回訪花小香 π 計畫」。

「花小香」是一頭太平洋抹香鯨的名字，經由PHOTO-ID個體辨識，牠已被海上工作伙伴記錄到自二〇一四年迄今，五年十次，出沒於花蓮沿海。賞鯨活動一年中出航大概只有半年，茫茫大海中，鯨點與船點相遇的機率其實並不高，因此判斷，花小香應該是經常出沒於我們海域的太平洋抹香鯨，直接說，花小香就是台灣的太平洋朋友。當然不只花小香，近年來被我們記錄到反覆來到花蓮海域的太平洋抹香鯨多達八頭。

長久與海處於不合理關係的台灣，我們社會普遍知道台灣黑熊、黑面琵鷺，但甚少人知道，大洋中這些足以代表台灣且身長達十八公尺、重五萬公斤的太平洋「大」朋友們。

如海神使者的太平洋抹香鯨們屢屢到訪，然而台灣社會似乎沒當一回事。這個回訪計畫，設定花小香為太平洋抹香鯨的代表，而我們航出的這艘船將代表台灣，船上的每個人都將以「使者」的身分出航。

「回訪花小香們」意思清楚明白，而計畫中的「π」字，或可稱之為「台灣

π」，是台灣以海床視角東望西太平洋的圖案，π字上緣那一橫是台灣東岸陸地邊坡，東南向伸出的呂宋島弧是π的一隻腳，而東北向伸出的琉球群島是π的另一隻腳。

黑潮流過π的內緣，黑潮流速、流量都相當驚人，海流摩擦π字內緣陸地邊坡，引發湧升流，將海底深層的有機質翻湧到水表附近，形成大洋海域的生態區。尋找抹香鯨的航線，若沿著這π字來作規畫，應該比較有機會找到牠們。

大洋一望無際似乎毫無根據，這也是為什麼大多數朋友不看好這個計畫的原因。然而大海並非完全無跡可循，如鯨尾開展的「台灣π」便是茫然大洋中隱含的依據。

可遇不可求的旅程

五月三十一日，第一趟回訪抹香鯨的航班於午後一點三十分出發，我們搭乘五十噸的賞鯨船多羅滿一號，懷抱著不輸給夏日午後因旺盛對流而恣展在天邊的

抹香鯨鼻孔特寫，花小香以鼻孔露出水面的「浮窺」行為，也曾出現在廖鴻基的影像紀錄中（右圖）。抹香鯨舉尾鰭慢慢下潛（下圖）。

積雲，船上共四十八人，除工作人員外還有多位支持計畫的朋友一同參與。

這不是一般兩小時的賞鯨航程，我不免擔心，對於船上沒有太多航海經驗的朋友，是否耐得住漫長航程中枯候的寂寥。無論天候海況，航海無可避免的是顛簸和單調，若要覺得航海是一種享受，必然是從甲板適應期進階後才有可能。適應期間唯一能打破魔咒的，便是航途中出現了特殊風景。

經過說明，大家都能理解大海中可遇不可求的道理，但因為計畫目標明確，儘管這海域的海豚發現率高達九成，但野心暗地裡被養大了，船上期望的水池子裡除了抹香鯨恐怕已容不下其他。

果然順利遇著了幾群海豚，船隻與牠們才相處一下子，尋鯨甲板上便有不少人輕聲說了兩字：「放過。」意思很清楚：我們的目標遠大，別浪費時間與小海豚周旋。

確實如大海撈針，五小時航程就在好高騖遠的氛圍中匆匆流過。當船隻掉過頭，航程來到不得不返航的這一刻，我轉頭看見山嶺上的層雲忽然裂開孔洞，夕

水影下的飛旋海豚。出海尋找鯨豚，親人的海豚可遇見度較高，鯨魚相對難覓蹤影。

暉從雲縫射出光束圈照耀海面。我特地踮了踮腳跟，專注望向那像是被探照燈照住的海面，想起自己年輕時在海邊流浪也曾見過類似光景，當時有感而發在筆記本上留下幾句：「天神用最後的光窺視海面，光影中魚鰭洶湧，似在爭食關門前的最後救贖。」返航這一刻，我想像那光圈裡也許真有魚鰭或鯨尾。

《白鯨記》中的東部海域

第二趟回訪抹香鯨航班安排在七月二十日。七月後酷暑炎熱，卻是太平洋一年當中最平穩的時段。初夏時還頻仍掀起波瀾的南風浪在這暑夏全盛時期逐漸式微。又逢暑假，海洋活動可說是火力全開，這天上、下午我都在海上。

黑潮強勢流過，如一道海上高速公路，帶來許多跟著黑潮巡游的海洋生物，走馬燈一樣，大海隨海流擺盪隨潮汐變化不時在變換戲碼。上午兩小時航班還見著海豚船邊熱鬧，相隔不過一個鐘頭後的午後航班，海面除了零星竄起的飛魚，沒遇到任何一隻海豚。

航程隨日晒西斜逐漸累積出「趕快找到什麼都好」的壓力。船長問我：「要不要先近岸去找海豚，然後再出來找『噴風』？」抹香鯨是大型鯨，肺活量大，又善於深潛，每次浮出換氣時，一段距離外就能看見牠們噴在海面上的一團水霧，近距離的話，還能聽見牠們頗富節奏感的噴氣聲。

我們陷於兩難，近岸海豚發現率高但抹香鯨出現機會少，我執意留在外海，但這樣的決定讓船上二十六位朋友苦候了五個多小時。

今天的海跟我們開了個大玩笑，竟然幾乎「槓龜」，幸好返航途中接獲友船發現海豚的通報，我們才掉回頭在黃昏光影下見著了回航中唯一的一群海豚。

「連海豚都找不到，還肖想要找到抹香鯨？」

心情一下盪到谷底，這是執行計畫以來最冷峻的挫折。

《白鯨記》是海洋文學經典之作，二〇一九年恰好是作者梅爾維爾的兩百歲冥誕，有出版社重新翻譯，也很榮幸受邀為新譯本寫導讀，於是有機會將四十多萬字的《白鯨記》一口氣讀完。這部完成於大約一百七十多年前的長篇小說，閱讀過程中我好幾次情緒激昂。

當我讀到由亞哈船長率領的捕鯨船皮廓號，他們穿越呂宋海峽後望北看見Formosa，沒想到，台灣在一個半世紀前的海洋文學經典中被提到。書中繼續寫到，當皮廓號穿過呂宋海峽後，往北航往日本海途中與抹香鯨有數回合的搏鬥。我知道，書中描寫與抹香鯨搏鬥的位置就在台灣東部海域，我也知道抹香鯨壽命大約八十歲，我的激動在於我們出海回訪的這群太平洋抹香鯨的祖先們，曾經跟《白鯨記》捕鯨船在我們的海域裡搏鬥過。

我想找到這群台灣的海洋朋友，找到這群祖先曾經出現在《白鯨記》場景中的太平洋抹香鯨朋友，我想跟牠們講幾句話。

漫長等待後的八朵「噴氣」

第三趟回訪航班安排在遭遇挫折後的第八天，七月二十八日，這一趟有五十五位朋友一起出航。

一群花紋海豚同時浮出海面換氣。群居性的海豚通常集體行動，一旦現蹤，總讓人有無數驚喜。

午後來到碼頭就聽說了好消息，上午的賞鯨航班遇到抹香鯨。

八天前因落空而盪到谷底的心情，因為這及時的好消息瞬間甦醒，但高興才一下子而已，很快又陷入忐忑的心境中。上午、下午，不是時間相隔多久的問題，兩百公里寬七百公尺深，流速每秒大約一至三公尺的黑潮，我明白大洋裡頭的上、下午之隔，如此大量水體移動後隔開的會是什麼。

會不會又是眼高手低的戲碼重演？太多類似經驗了，上個航班還看見什麼、什麼的，滿懷期待的下個航班竟然完全落空，大海最大的本錢就是善變，我又如何能以如此「證據確鑿」的好消息來安慰自己？

出航後，船長相當果斷，東南東航向，持續往外海馳騁。

出航十五分鐘後，樓頂甲板負責搜尋海面的船員抬起左臂高聲喊了：「左前八百公尺！」

全船振奮！

隨後他用低了八度的語調說道：「有海豚。」

海面儘管平坦，這兩聲喊之間我心情起伏一點也不輸給洶狂的北風浪。回頭還見藍天，但東邊天際逐漸攏聚了一團烏雲，看來雷雨胞正在醞釀。心頭一陣不祥，若遇到雷雨胞，這趟航班的結局將如同晴天霹靂。

「放過」海豚群，船隻回到東南東航向持續往天邊對流旺盛的雷雨胞邁進。

約莫四十分鐘之後，仍然將望遠鏡舉在眼前的船長，突然抬起右臂昂聲高喊：「噴風！」

這望遠鏡發現的距離我裸眼還看不見海面任何跡象。希望不要看錯，希望不是海市蜃樓。

大約又過了五分鐘，終於才看見噴霧。我抹了抹眼睛，終於確定，我們確定找到了一群太平洋抹香鯨。

船長轉頭看了一眼已然成形的雷雨胞，念了一句：「把握時間。」

我根本沒時間把心中鬱累多日的什麼給放下來，趕緊拿起相機走到舷邊。數了數，寬闊水域中牠們彼此相隔一段距離，一共數到八朵噴氣。

坐上賞鯨船，廖鴻基帶領著數十人進入茫茫大海中，出發尋找台灣的太平洋朋友——抹香鯨。

每一頭個性都不相同，有些船隻稍微接近便舉尾下潛。有些則淺游掉頭離開。有幾頭允許船隻靠近，約十公尺距離陪在船邊。

短短才三十分鐘相處，船長喊了聲：「該走了。」

不是時間壓力，是雷雨胞已經形成並悄步接近。我一直忙著拍照、記錄，這才想起此行的重要任務，我得跟牠們講幾句話。

來不及了，雷雨胞像一隻巨大懸空的黑腳水母，從高空垂下雨簾快速挪近，船隻很快被它的觸手給抓住。一下子烏天暗地，雷聲隆隆。被一起抓住的還包括船邊這八頭抹香鯨。

我跟船長說：「再給我三分鐘，再給我三分鐘。」

滂沱大雨中，我對船邊的牠們說：「歡迎你們接近台灣，請把這裡當成你們的家，請以那高聳的山脈為記，記得 Formosa 這名字，記得我們的承諾，我們將如朋友般接待你，記得這艘船，記得船上的朋友……」

風雨中牠們舉尾道別，我全身都淋溼了，但心情激動。

八月二十一日，二十四人航出第四趟航班，收穫只有幾隻海豚，沒找到牠們。八月二十五日情人節，計畫的最後一個航班，三十人出航。巡航了四小時後，只發現兩群海豚，航程的最後一小時船長打算往北方海域試試，我跟船長建議，時間不多了留在南方就好。

沒想到，航程結束前的最後十分鐘，船長找到三頭抹香鯨。已經黃昏，海面晚霞，牠們頭部朝南順序排成「三」字，像是打算以這樣的隊形過情人夜。

秋冬之後，不管船隻甲板上或站在岸邊高地看海，我都會特別留意，那深色黑潮裡是否突然冒出一朵水霧。

十分確定，我們將再次見面，因為你們是台灣的海洋朋友。◇

（特別感謝支持回訪計畫的一百八十三位朋友，你們讓台灣社會看見我們的海上國寶）

生活在他方

謝哲青——高雄

緣於年少時的叛逆，謝哲青極早便遠離故鄉
直到去鄉離國遊歷多年，至今驀然回首
才發現成長中的困頓、挫折與失望
都是在教導自己認真生活，甘於接受平凡

（圖／謝哲青提供；攝影／Paul Chen）

謝哲青，熱愛歷史、藝術、音樂、電影。現擔任《青春愛讀書》、《下班經濟學》、《音樂心旅行》等節目主持人，同時也是蘇富比藝術專欄作家。長期推動閱讀與藝術活動，並以淺顯易懂的方式致力於藝術文化推廣。

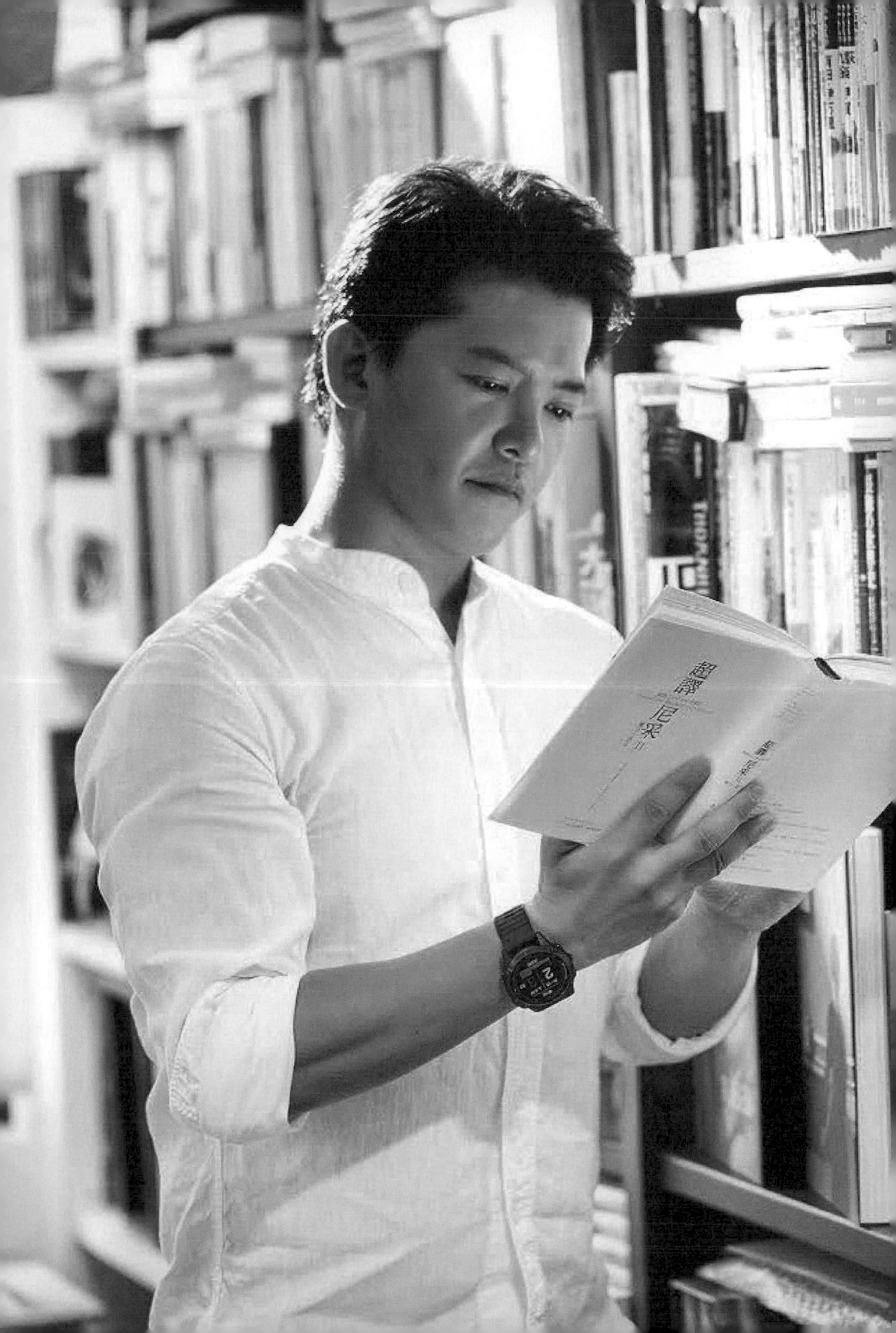
超譯
尼采

故鄉，在現實與回憶中交錯，曾經以為澄澈清晰的，在追憶中化為粉塵，而那些自以為含糊未明的，卻以無比生動的方式，重現在我的眼前。

最近，我常常做夢，夢見南方的大海與天空，夢見港都的街道與巷弄，夢見許久不見，或今生無緣再見的人。

夢開始的地方，是港都靠海的那座山，在它南側的半山腰，有座讓許多人望而生畏的石階。

長長的石階盡頭，就是大大的平台，舊相片裡，殖民時代的鳥居不見了，改成了三座「一間二柱」的中式牌坊，回過身轉過頭來，就可以看見海了。溫煦敞亮的日子，可以遠眺港外的粼粼銀波在輕輕跳躍，夜幕低垂的時候，貨櫃碼頭的工作燈光，將大平台的石板映成沉銅昏黃。四五成群的少年囝仔，雙雙對對的親密愛侶，在各自的角落裡，喧譁、呢喃。一百多年前，來自北方島國的統治者們，在以城市為名的山腰上，砌造了一座崇祖敬天的神社，又過了幾年，殖民政府將社殿遷至現在所在地，大半個世紀過去了，為南方子民奉公犧牲的勇者們，都被安置在石板參道盡頭的英靈殿。遊人們上到平台後，腳步大多在平台就擱淺了，對他們來說，眼前的光景才是永恆，瘖啞的過去，就讓它繼續沉默。

帶著牽掛的遊蕩

這裡，是高雄忠烈祠。

很久以前，台階下還有一座「大東亞共榮圈」的紀念石柱，多少寒暑過去，石柱上的日文與太陽不見了，取而代之的是青天白日的愛國徽章。昔日肅穆莊嚴的廣場，

小學時期的謝哲青，與爸媽、弟弟合影。（圖／謝哲青提供）

今天有個很粉紅，多看兩眼就令人膩得想喝水的名字：壽山情人觀景台。

年少時，我常騎著那輛煞車不甚牢靠的自行車，搖搖晃晃，停停走走，從市區奮力騎上來。無視山下車水馬龍的塵囂，在山林中盤桓的公路，是城市邊緣難得的幽靜，濃郁的綠意，將溽暑蔭成清秋，往平台途中必經的小公園，無人問津的鞦韆與蹺蹺板，寂寞得無法擺盪季節的更迭。在梢頂飄搖的青蔥，風吹過後，一地都是來不及撿拾的時間。偶爾，我會數著山徑旁爬滿苔綠的石燈籠，以鄉村搖滾的節奏，和緩緩地向平台攀升，無論路線為何，目的是同一片天空，那片延伸至海平面盡頭的天空。

我曾不只一次站在這裡，望著大海，想像著這片湛藍的彼岸，有另一個世界，等待旅人的到來。有時，我會在這裡感受太陽，感受毒辣的熾熱，如感受那份讓血液也為之沸騰的灼烈。但是，更令我心醉的，是夏季南方如瀑布般的暴雨。大雨來的時候，站在平台向城市望去，會看見如毛玻璃般的雨幕，重重地，沉沉地將城市鎖在雨中，呼嘯的風，傾倒的雨，一波又一波地，像浮世繪《神奈川沖浪裏》

從高雄壽山的高處往下望，近處是忠烈祠，遠方是西子灣。少年謝哲青的騎乘徜徉，常常以此為範圍。

的巨濤一樣，撲向都會，摔在屋脊，沖刷整座城市。無論是將近四百公尺高的85大樓，或是咫尺見方的小哨亭，頓時都化為在汪洋中的小船，在駭人的洶湧中等待重生。即使，是雨水較少的冬季，雨依舊有它迷人的所在，灰色的霧雨，總是耐心地，有毅力地，一點一滴地，沒完沒了地下，濡溼每個港都人的靈魂。

在感受傾盆大雨片刻後，我會走下平台，沿著千光路、轉進登山路，來到山坳前碼頭。排排坐的高級遊艇，波紋不興的悠然景致，讓無心的人們遺忘，忘記這裡在很久以前，也曾經是東亞最繁忙的港口。

繼續往前，過了哨船頭，路會突然向右大轉彎，不稍加注意，左側「雄鎮北門」的紅磚城門在不知不覺就忽略過去了，因為，眼前的開闊更加引人注目。「欲把西湖比西子，淡妝濃抹總相宜。」在舊時代人們的眼中，水光瀲灩晴方好，山色空濛雨亦奇的一彎斜灘，在柿紅的餘暉中，有幾分西湖的妖嬌嫵媚，西子灣的名字就此而來。對於在港都生活過的朋友來說，西子灣之於高雄，就像是聖馬可廣場之於威尼斯、太陽門之於馬德里、第五大道之於紐約，是城市打開雙臂擁抱世界的大廳。我總在一天最寂寞的時刻，回到城市的客廳，坐在消波塊後方的石欄上，信手翻閱隨身攜帶的夢：鄭愁予、聖修伯里、白萩，惹內、余光中、村上春樹、向陽、卡夫卡、楊牧、葉慈……波浪化成文字，緩緩敘述少年對遠方的盼望，文字也化成了波浪，輕輕搖晃少年不成熟的幻想。我的

小小謝哲青（前立者）與家人在西子灣合影。（圖／謝哲青提供）

目光，總在波光與詩間徘徊，漫不經心的等待：等待日光從熾白褪成酒紅，等待一個需要點點漁火的向晚，等待，白堊高崖上燈塔第一道劃破黑暗的虹晝，等待，來自薄靄中有家歸不得的嗚咽。

為賦新詞的傷春悲秋，望眼欲穿的鬱鬱寡歡，無以名之的磨損與幻滅，是我無用的青春中所能經歷最奢侈的揮霍。

高雄地下街

想了解一座城市，一定要花時間遊歷它，瀏覽它的過去，凝視它的現在，想像它可能的未來。沙特說過：人們應該帶著牽掛與疑慮在城裡遊盪，並傾聽城市如何回應他。有好幾年，在港都「上山下海」是我每天最無用的日常，阮囊羞澀的青春，只能用自己不成氣候的虛妄浪費鋪張，想像自己周遊列國，勇闖天涯。在踏不出國境的歲月，我只在自己的城市找尋異國情調，想當然，太過布爾喬亞的漢神百貨，太過波希米亞的堀江市場，太過布爾什維的勞工公園，太過虔誠的

位於五福路與中山路口的舊大統百貨，曾是高雄地標之一。

（圖／高雄市立歷史博物館提供）

謝哲青曾從母親口中得知，童年時的自己最喜爬上鳳山車站旁的天橋，俯視火車緩緩進站。但隨著車站改建，天橋與記憶都不復存在。

分配違法

天主堂，不適合靈魂仍太過稚嫩的我，不管怎樣想，還是舊時代的嘈雜最美好。現址是紀念公園的綠茵底下，有我最跋扈飛揚的輕狂。

清雍正年間的瀨南鹽場，在台灣經濟起飛的年代，掘建成曇花一現的「高雄地下街」，望著河畔扶疏的綠蔭，來不及參與過去的年輕朋友們，一定很難想像，當年這裡可是亞洲數一數二的地下商店街，曾經為逐漸走向年暮的鹽埕區注入商機與希望。集影城、書城、唱片行、小吃街、服飾百貨、地下冰宮，以及其他神祕功能於一體，用最簡單的話來說，「高雄地下街」就是南方版的中華商場，是港都人最庶民的記憶，也是我們窺探世界的小小窗眼。書目種類繁多，印刷樸實，定價低廉的大眾書局，是我最常光顧的所在，一冊兒童不宜的《獸之戲》，就可以讓我消磨一下午。每當我再度拾起芥川龍之介、夏目漱石、三島由紀夫與川端康成，就會想起那段蹲在角落翻書的時光。

當時在不同角落認識的朋友，我們也會相約到地下街來，一起做些大人們知道了搖頭，教官看見就吹哨的荒唐事，一九八九年，一把從小吃街冒出來的無名火，把所有的不堪與美好燒得乾乾淨淨，彷彿過往發生的一切，未曾存在。

被祝融親吻過的回憶不僅如此，位於五福與中山交叉路口的大統百貨，也是在烈火中告別市民。仔細回想，大統百貨頂樓的遊園地，是我在港都最喜愛的所在之一。每次來逛大統，反倒是為了天台摩天輪而來，以今日的眼光切入，百貨公司頂樓的摩天輪不免小家子氣，但對年幼的孩子來說，當摩天輪轉到最高點，這裡是離天空最近的地方。被雲篩過的日光，讓鄰近玻璃帷幕的高樓，變成一大片一大片閃亮亮的闊葉林，我站在森林的上方看著世界，距離一拉遠，再醜陋的現實也會變得可笑，再怎麼巨大，讓人喘不過氣的責任義務，也會變得微不足道。

但成長過程中的風和日麗，僅此而已，所有的詩歌、望遠、登高、音樂，只是為了逃避，那個不想回去的家。

不想回去的家

我的家，在城市迢遙的另一端，需要穿過往返加工區通勤的車陣，二十七個十字路口，三個地下車道，兩座不長不短的路橋，以及秀色可餐的草莓園與土雞城，市郊的小土坡，就是牽連我大半生的所在。

我不在港都出生，身分證字號卻烙上英文第五個字母，就某個程度上，父母都是意外落腳在城市與縣治交界的所在，全家人與其說是生活在鳳山，倒不如說是困在那裡。少年時的叛逆，讓我與家人之間漸漸疏遠，學業總是掛在車尾，對所有正常健康的社會規範嗤之以鼻，明明自己也不過是個半吊子的不良少年，卻想和全世界作對。滿二十歲前，我接到兵單，隔年一月入伍，看來逃是逃不過了，索性就辦休學，放浪到底。每天死命地抽兩包氣味粗野，品質低劣的香菸，無所事事地到處晃盪，天黑了，就隨便找個朋友家勉強湊合一晚，打著不知所謂的零工，過著意興闌珊的生活，如果當完二年兵回來，究竟要做什麼工作？要繼續求學念書嗎？心中沒什麼定見，前途一片昏暗，生活更是一團紊亂，我可預見的未來，都是貧窮、陷落、痴心妄想和逃避推諉，即使想要改變個什麼，卻不知道從何做起，我哪都可以去，什麼工作都願意做，幹什麼都行，但就是沒辦法站在人前台上，當個作家還是其他。

就在入伍前一週，我回家收拾東西，打點雜務。晚餐後，媽媽要我陪她散步，聽到這樣的要求，其實我很訝異，被坐骨神經痛、椎間盤突出與脊椎側彎糾纏多年的母親，最討厭的事之一，就是散步。我心裡想，大概也不會走太遠吧！當下就答應下來。

從市郊的邊坡踱步而下，是當年被稱為文山北巷的小馬路，向落日前行，可以抵達高雄市區，面對大武山的方向，則是往鳳山與後庄。

首先，我們沿著細細窄窄的縣道，慢慢前進。一路上，我和母親都沒有任何的語言交集，她是心灰，還是失望，對我這個不學好的孩子，總有太多的無奈與無言。過了許多，我和母親爬上天橋，看著鳳山火車站的後驛：

「你小時候最喜歡的，就是火車了。」

我知道，這和我童年的前半部，也就是後山的生活有關。

媽媽沒再多說什麼，繼續前行。

只要拜訪過鳳山的朋友，一定對「曹公」的字號印象深刻，當年仍稱為「曹公祠」的曹公廟、曹公路、曹公圳、曹公國小、曹公圖書館……所有的名字，全都指向一位心繫百姓的父母官。

十九世紀中葉的清道光十七年，出身河南河內的曹謹，抵台擔任鳳山縣知縣。在那個民窮兵困的年代，人民要吃飽穿暖，平安生活，有很大的運氣，仰賴某位愛民如子、照顧鄉里的地方長官。連接鳳山火車站與中華路夜市的曹公圳，就是曹謹留給後代最大的福澤之一。當年尚未開發整治曹公圳，仍是印象中的黑水溝，我們走向圳旁古老的砲台，風化斑駁的城牆在夜光下有種頑固不屈的氛圍，似乎在對我說：

「這一道牆就好像你一樣，你自己，和這個社會，都不知道要拿你該怎麼辦才好。」

跨過小小的石橋，就是中華夜市，媽媽走了過去，叫了兩碗花生湯，我們還是沒有任何的言語交集。結束後，又包了兩碗外帶，「這是給弟弟的。」

中華夜市的一處冰果室，是許多高雄人的消暑處（右圖）。婆婆樹影，映照在曹公圳平成砲台斑駁的牆面上（下圖）。

夕照下的西子灣，一片澄黃燦爛；波光粼粼的海面，是遊人最愛拍照的景點，也是遊子謝哲青半生徘徊流浪的起點。

媽媽的話

我們沿著光復路繼續前行，走到這裡，差不多繞了社區附近一大圈。鳳山是一座充滿生活感的小城，沒有大山大水的倚仗，也沒有馳名小吃或土特產的加持，普通人在這裡過著有點普通的日子，沒有尤人怨天，只有守己安分的生活。有那麼一段時間，我並不理解「平凡」、「樸實」、「簡單」是什麼，年少的方剛血氣，我渴望更廣大的世界，就像我從忠烈祠平台或西子灣與世界對望一樣，彷彿真正的生活，就在遠方。

「有一天，你會想通，真正的生活，是要認真去生活。」

媽媽沒有激動，沒有煽情，沒有任何表情。

「我真心希望，你會懂。」

「還有……」這個晚上，就在第五句話之後結束：「兒子，我累了。我們回家去吧！」

在一個暴雨的午後，整座城市在風雨中搖晃。不知從何而來的溢流將街道漾成泥濘的海，我捧著母親的骨灰，走向她最後安歇的地方，不知道為什麼，腦中冒出這段遺忘的片段。

對我來說，生活、成長的港都變得太多，變得太快，眼前的一切全然陌生，最熟悉的角落也只能停留在似曾相識。為了追逐世界，我離開了家鄉，疏遠了家人，到頭來，什麼都沒有成就，只留下不捨與迷惘。

「生活不是我們活過的日子，而是我們記住的日子，我們為了講述而在記憶中重現的日子，」馬奎斯在風燭殘年時繼續說道：「不曾記得，無法講述的日子，沒有真正活過。」

我年少過，荒唐過，追求過，哀傷過，幸福過。到頭來，家鄉與母親教給我的，是要認真的生活，勇於接受平凡的一切。這樣我才能繼續，對生命一往情深。◇

（攝影／陳凡謙）

蘇淮，島人海洋文化工作室、獨立書店「小島停琉」創辦人。旅居足跡遍及東南亞、日本、泰國、澳洲等地，長期記錄台灣海龜水下生態，致力於推廣台灣海洋。現居小琉球，持續透過影像和文字分享心目中的那片海。

蘇淮——屏東小琉球
大海小島
書店
居住在小琉球，把一整天時間都花在海裡
蘇淮貼近觀察海龜，滿足自己的好奇心
島居七年，是他眼前理想中的生活
因為海洋灌注了他滿滿的養分與能量

因為海洋和海龜而移居到小島上生活，如今已經第七個年頭。這些年，隨著潮汐，順著海流，跟著海浪調整作息，下潛在大海中觀察生物，滿足自己的好奇心，找尋那些可能沒有答案的問題。小島上的一景一物轉變很快，常常令人措手不及，只好隨時帶著相機記錄，幫助自己記住小島原本的模樣。一不小心，租下了一間老屋，開起一家小書店，不常開門營業，因為更想把空間留給自己，好好生活。

在來到小島之前，從一些潛水的朋友口中聽說小島有很多海龜，當時的我旅居澎湖、東南亞和澳洲以潛水為業已經五年，卻對海龜幾乎一無所知，只知道自己對海洋生物充滿興趣，如果能夠想潛水就潛水、想好好觀察生物一整天就待一整天，那就是我理想中的生活。

我抱著期待的心情，將潛水器材打包，背上了背包，騎著機車從台南出發來到東港碼頭，車子也跟著一起登船飄洋過海到小島。想都沒想到，這一待就一直待到現在。

位於台灣西南外海約十三公里的小琉球，從屏東東港碼頭搭船只要二十分鐘。全島面積為六．八平方公里，環島公路約十二公里，騎機車大概三十分鐘即可繞島一周。

因為海龜，所以停留

初到小島人生地不熟，我走入碼頭旁的潛水店打聽情報，詢問哪裡適合下水。潛水店的老闆走到門外指向不遠處：「從那邊下比較安全。」我放下背包，拎起面鏡、呼吸管和蛙鞋，走到中澳沙灘，我下水一探究竟。向外游沒多久，海水的能見度從混濁逐漸清澈，跟著珊瑚礁延伸的方向到處走馬看花，穿梭於其中的小魚就是我的導潛，海中的每一景都很新鮮，每一處都充滿驚奇。

漫無目的地在海中閒晃，不曉得過了多久，我抬起頭從水面上望向岸邊，想確認自己的位置。眼角餘光瞄到了緊鄰沙灘旁港口堤防外的消波塊，直覺告訴我應該去那邊瞧一瞧，接著立馬踢著蛙鞋移動過去。消波塊上頭果然長滿了珊瑚和

小琉球地標花瓶岩，海平面下的礁台是海龜覓食的餐廳，時常可見牠們大啖海藻的模樣，是很適合做海龜觀察與調查的潛點之一。（攝影／陳芃諭）

藻類，縫隙之中也躲藏了許多小魚。突然間，一個黑影從我身旁經過，是一隻體長和我差不多大小的海龜。這隻大海龜，完全無視於我的存在，瘋狂啃食消波塊上的海藻，享用著牠的大餐。海龜和我之間幾乎伸手可及，這是我第一次在海中如此近距離觀察海龜。

太陽快下山了我才情願上岸。回到潛水店後，便興奮地和老闆分享：「剛剛遇到了這麼大的海龜！」老闆連看都不看我一眼，盯著電視新聞冷淡地回：「喔，這裡本來就有很多海龜啊。」

從此之後，我便對海龜充滿無限好奇，無法自拔深深著迷。「小島的海龜從哪裡來？會往哪裡去？」「平常都在做些什麼？」「這次見到的海龜和上一次是同一隻嗎？」問題不斷地冒出來，讓我忍不住一再下水。因為唯有下水，才能讓自己心中的聲音暫時安靜，靜靜地漂浮、沉潛和活在當下。

雖然心裡最想做的事情是好好記錄海龜，但更應該好好面對現實。潛水店樓上背包客棧的一張床位，是我暫時安身的地方，並在網路上招生，帶人潛水賺取

小島清晨時分，空氣清新、陽光和煦，是靜謐的時刻，也是最享受的時刻。

生活費。有時潛水店忙不過來，也幫忙店裡帶客賺外快，空閒時，才能夠好好下水觀察海龜。

每天要負擔背包客棧一張床位的費用，對當時的我來說，是一筆不小的開銷，還好後來因為進入觀光淡季，潛水店員工宿舍有了多餘的空位，被老闆暫時收留下來。說是員工宿舍，其實也就是一個房間裡的床位，但至少可以每個月結算租金給老闆，省下了不少住宿上的開銷。

移居小島，好好生活

就這樣過了一個冬季，小島氣候回暖、水溫升高，準備進入觀光旺季。一方面不好意思在潛水店的員工宿舍占一個位置，另一方面則是想要有自己的私人空間，於是開始尋找其他房子長租。在小島上租房，不像本島從租房網站就有辦法解決，而是要四處打聽，看是不是有誰家或誰的親戚可能有空房願意出租。潛水店的老闆和老闆娘也熱心地幫我探聽租房消息；在早餐店買早餐、飲料店等飲料時，也隨口問問老闆知不知道哪邊要出租，結果早餐店阿姨說對面那棟空屋可能要出租，也被飲料店員工直接帶去看房。就這樣莫名其妙地看了許多房子，但不是租金太高，就是屋況不佳或有其他因素，一直找不到適合的住所。

某一次，看上一間小小的平房，有客廳、廚房和前庭，

退潮時的厚石裙礁海岸，時常可見採海菜的阿婆。

屋況還算不錯，位置也清幽。不過，接洽的阿婆說，廚房不能煮飯，煮東西必須在屋子外，而且要留下一間空房不能使用，因為房東奶奶常常會回來小島上的廟裡拜拜，要留一間房給她睡。雖然有點麻煩，但好不容易找到一間自己喜歡、價錢可以負擔的房子，還是決定先租下來再說。

和阿婆談好後，本以為已經塵埃落定，沒想到過幾天後接到電話，說房子不租了。後來才知道，原來阿婆是二房東，她因為去廟裡問觀音媽一直問不到什麼時候可以搬進去住，因此才想轉租，如今已問到可以搬進去的日子，不想轉租了。

對於剛到小島生活的我來說，這樣的理由當然感到納悶，但事後回想起來才明白，觀音媽的意見對島民來說有多麼重要；觀音媽是島民們的心靈寄託與精神信仰，也是島民的大家長，與大家在島上一同生活。無論是找工作、求姻緣、買土地、蓋房子、漁船出海、成家立業或日常中各種疑難雜症、生老病死，都要去找觀音媽聊一聊，諮詢一下祂的建議。只要一講到觀音媽，幾乎所有的島民都會滔滔不絕，聊起自己或家人和觀音媽之間的故事與回憶。

我自己雖然沒有任何宗教信仰，但在小島上生活久了，聽著身邊的許多人在冥冥之中都曾經受過觀音媽的幫助，漸漸也感受到觀音媽神奇的力量，心裡也默默地感謝起觀音媽的照顧，讓自己在小島上的生活一切都平安順利。

小島人的大件事

每年農曆二月十九日是觀音媽誕辰，熱鬧的廟裡滿是進香參拜的島民，接下來的一個月，小島上的大小宮廟前陸續搭起戲台，劇團敲鑼打鼓為神明演戲。

最有趣的是，每當戲台前開始有人「卡位」擺滿箱子、菜籃和臉盆，就知道另一齣好戲準備上演了。台上的戲班從後台搬出一袋袋的黑色塑膠袋，將袋子內的糖果餅乾一把把撒至台下，島民們爭相瘋搶，一陣歡樂喧鬧後，笑容滿面扛著一箱箱的戰利品離開。

除了對觀音媽虔誠，王爺公在島民心中也占了一個位置，三年一科的迎王祭典，是島民最重要的大件事。

「過年可以不回家，但迎王不能不回來。」對小島有一份情感的人們而言，不論艱難，不辭千里，都會回來參與、相聚。為期一週的迎王祭典，總是傾全島之力，大家分工合作，轎班負責扛轎遶境、陣頭在祭典前早已緊鑼密鼓練習、廟方神職人員各司其職、婦人負責煮點心，小孩跟著湊熱鬧，全島總動員，無私奉獻給神明。

而我很幸運，剛到小島一個月就遇上了迎王祭典。第一次參加迎王，新鮮感十足，也不太了解迎王背後的意義，就只是到處走馬看花。潛水店的潛水船要出海繞島就跟著上船，宮廟的轎班缺壯丁就去體驗扛轎，也跟著在半夜坐在沙灘上看燒王船。

三年過後第二次參與，被小島上平時照顧我們的長輩徵召，幫忙「遊客點心區」打飯送菜洗碗，開小貨車當跑腿，並趁著空檔跑去扛大輦。

早期的迎王祭典大多只有神職人員、轎班和香客參與，其餘島民則負責煮點心或準備涼水。隨著時代變化，宗教祭典逐漸觀光化，參與的遊客愈來愈多，部

碧雲寺的「觀音媽」，是島上最重要的精神信仰（右圖）。觀音媽誕辰後，島上的宮廟陸續在廟埕搭起戲台為神明唱戲（上圖）。

為期一週的迎王祭典最終日，王船繞境全島，走遍大街小巷與各個港口，隔日清晨至中澳沙灘燒王船送王。

分遊客誤認為準備給轎班的點心都可以自由取用，造成了轎班的困擾，也讓部分島民對遊客產生不好的印象。為了減少衝突，島民組成志工隊，遶境期間免費提供上千份點心給遊客，並和遊客宣導，不要走錯棚吃到轎班的食物，也嘗試使用環保餐具，減少一次性垃圾產生。除了溫暖所有人的胃，對共襄盛舉的每一個人表示歡迎，也盡量減少環境負擔，讓祭典更圓滿順利。

來到小島生活，已經參與了三科的迎王祭典，看著身邊的人全心全力付出，很難置身於事外，不投入一起參與。總是希望能夠趁這個時候，多盡一份心力，對平常照顧、包容我們的人、神明、環境和萬物，表達一些感謝；表示一點心意。

騎機車，環小島

騎機車環島，是這些年在小島上的生活日常。每一次環島，並沒有既定的路線，不一定是完整繞完一圈，也沒有限定要花多少時間，完完全全隨心所欲。有時只想在工作之餘放空，有時卻想思考工作，有時在環島過程中突然靈光一閃，讓創作有了新的靈感。

小島上的小路和巷弄特別多，路線迂迴複雜，即使已經在裡頭鑽過不知道多少遍了，偶爾還是會迷路，或者，無意間又發現了新的小路。最尷尬的是，鑽進了死巷中，坐在屋前的阿伯、阿桑有的會熱心大喊：「頭前無路啦！」有的則是不發一語，眼睛睜大注視著你停下車來，快速踢動雙腳將車倒退，點頭示意後驅車離開。

路上的風景，也經常是某一塊被推平的土地或是正在興建的工地，見到此類景象，我都試圖從記憶裡翻找：「這塊地在被推平之前，長得是什麼模樣？」在觀光產業快速發展的小島，樣貌改變得太快，令人有些措手不及。

小島最南邊的海子口，是我心目中最美的港口。停在一旁土地公廟的廟埕前，就能看見進來港內覓食的海龜，出沒於此的海龜大多是青年龜，體型如同一客十二吋披薩大小，港內停泊不到十艘小舢舨，海龜可以安心好好吃飯。

小巧的港口也是住在附近小孩子的遊樂場，有時拿著釣竿釣魚，有時跳港戲水，有時在港邊騎著單車追趕跑跳。太陽下山前，港內會出現戴著浮力臂圈泡水運動的阿婆，坐在廟埕前話家常的阿伯，也準備告一段落回家吃晚餐。

繞過海子口土地公廟的環島公路離海很近，迎面而來的海風會帶有一點鹹味。公路旁露出海面的珊瑚礁岩地質，據說已有三千至六千年，相較於山頭上白燈塔底下看得見紅土，至少五萬年的地質，已經是相對年輕的了。這一帶被稱作「厚石」，五、六十年前還未開發環島公路時，島民必須翻山越嶺進出村子，因此，當地有句俗語：「厚石坑，梳頭化粉無採工。」意指進出厚石很辛苦，滿身大汗沒有必要梳妝打扮。

海水尚未回暖之前，是厚石海岸長滿藻類的季節，退潮時可見拎著網袋採海菜的阿婆，退休的老船長也下海潛水採紅寶菜。透南風也代表著夏季即將來臨，這時對岸高聳的山脈會變得格外清晰，沿著厚石環島公路一路向北，正對著大武山走，繞過漁福港後來到中澳沙灘。首先，見到多根冒著煙的煙囪是林園工業區，緊接著，高雄市區的85大樓映入眼簾。

西南風增強時，是小島海況及天候最不穩定的季節，下暴雨和颱風天時，只好開小貨車環島。中秋後東北季風下來了，北面的花瓶岩捲起大浪，海龜在浪花中一邊翻來覆去，還能一邊保持平衡覓食。小島因為受本島中央山脈的屏障，吹東北風時，風並不大，但也因此經常被灰濛濛的霧霾籠罩，對岸都市和工業區汙染的空氣無法散去，鼻子發癢難受，令人想念透南風時的新鮮空氣，或者，特別適合躲入水溫還有攝氏二十三、四度的大海中。

從一張紅紙開始

某一天騎機車環島，經過住家附近的一間老屋，屋外貼了張紅紙，紙上寫個大大的「租」。小島上其實很少見到貼著招租的紙張，在觀光愈來愈火熱的情況下，消息一放出來通常馬上會有人承租。這代表紅紙應該剛貼不久還沒被發現，也可能是屋況太差、價錢太高或其他原因而租不出去。好奇心驅使下，便撥了電話約看房，電話另一頭的房東人並不在島上，說住在屋子隔壁的阿姨是他親戚，

透南風時，從環島公路往本島望，連綿的山脈變得格外清晰。因為拍攝海龜，而與這個小島結下了不解之緣。

找阿姨幫忙開門就好。

拉開鐵門後，馬上被屋內地板上的磁磚吸引，廚房的老灶台和浴室的老浴缸都還很完整，走上二樓房間，檜木做的新娘房和老家具也都還在，三樓神明廳外的小窗台，放眼望去是綠油油的山，牆壁雖然斑駁，但整體屋況還算不差，看起來也沒有漏水的痕跡。

向房東問了租金後，發現比預想中還要更便宜，並再追問：「廚房可不可以煮飯？」「需不需要留一間空房給屋主回來使用？」「能不能夠按照自己的想法裝修？」「會簽合約吧？」這些在小島租屋必問的問題。沒想到房東竟然覺得這些問題有點奇怪，簽約是一定要的，而且房子租出去了，只要不亂搞，房客當然可以自由使用，也不需要特別留房間。

當下我便決定，先租下來再說，於是和房東相約在台南簽約。接著，才開始思考屋子可以用來做些什麼，只希望不要再變成另一家民宿或潛水店。如果能有一個空間可以分享海洋的故事，放一些海洋書籍、辦一些活動和講座，讓自己有

起初一推開門便被老屋內地板上的磁磚吸引，如今變成書店，是自己除了下水之外最常久待的空間。

個工作室，也讓來到小島上的人可以好好駐足、停留，這樣子應該很不錯，不如就開一家書店吧。反正自己不管到哪都愛逛書店，偏偏小島沒有一家書店，想做的事情可以讓它在書店裡發生，島民問起這間屋子是做什麼的，就回答：「這間是冊店啦。」

房東是一對兄弟，從小便離開小島，在本島有自己的工作與家庭，原本住在屋內的奶奶過世，由他們繼承屋子，因為很少回小島，所以決定出租。簽約時，和房東表達想要在屋子開書店的想法，他們很開心也很支持，就算一邊接了好幾通其他人想租房的電話，還是決定將屋子租給我們，讓我們盡情發揮。

小島上的第一家獨立書店就這樣開始了。書店以海洋為主題，選書都是我和夥伴芃芃自己愛看的，也與幾位藝術家朋友合作，寄售海洋相關創作。一樓是堆滿書的開放空間，二樓則是自己人的工作室，三樓用來辦活動與講座。有趣的是，附近的左鄰右舍都很有特色。

午休後，是書店隔壁阿姨和阿伯的卡拉OK時間，整間書店都能夠感受到音響

島上許多老人家仍習慣在戶外的灶台燒柴煮飯，滿頭銀白捲髮、暱稱「奶泡阿嬤」的，便是其中之一。

的震動。另一邊人家養的雞，啼叫聲很隨性，清晨、正中午或三更半夜都可能聽得到。對面國中的鐘聲和老師的廣播聲都聽得一清二楚。同一條街上的小妹，三不五時跑來敲門，拿著書本要我們教她寫作業，或者翻她喜歡的繪本。最常坐在書店門口的，是一位有著爽朗笑聲的九十歲阿嬤，她因為有著一頭銀白色的捲髮，所以大家暱稱她為「奶泡阿嬤」。

奶泡阿嬤的耳朵有點重聽，和她講話都必須用吼的。某天和她聊天後，受邀到她家坐坐，才知道原來書店後面竟然有動畫片裡才會出現的場景。奶泡阿嬤拄著一根木條當拐杖，緩慢帶著我們轉進一旁龍眼樹下的小徑，經過一戶人家和雞舍，小徑和廢棄的平房旁就是阿嬤的小菜園，穿越了她種的地瓜葉、蔥和韭菜和小樹林，是燒柴煮飯的灶，灶後面才是進入她家門口。

很多人擔心在小島開書店太過理想、浪漫，深怕我們餓肚子。其實也沒有那麼淒慘，開書店的確賺不了大錢，但我們賺到了生活。有想聽的講座就把講者直接邀請過來，有喜歡的插畫家就找來辦展，陶藝家、木作師、歌手、攝影師、作家、紀錄片工作者等有趣的人，都因為有了這個空間而能在島上相聚。有一個空間可以在做完海龜調查後好好整理資料，潛水後上岸，很適合窩在書店裡好好創作影像、好好寫字、好好閱讀、好好思考。開書店不是為了別人，也沒有什麼偉大的抱負，純粹只是為了滿足自己。

來到小島生活已經第七個年頭，這些年，海洋給了我許多養分，海龜開啟了我好奇的心，小島讓我充滿無限能量。回想起這一切，總覺得不可思議。未來還會發生什麼事情我不知道也不設限，就像當初根本沒想過會迷上海龜、經營書店。接下來在小島的日子裡，就繼續隨遇而安，好好生活。◇

夏曼・藍波安——台東蘭嶼
伊姆洛庫
我的部落
夏曼・藍波安與親造拼板船，在蘭嶼伊姆洛庫部落灘頭
這塊出生與成長地，曾歷經日本殖民與國民政府粗暴對待
島嶼有史以來傳唱的創世神話，從不曾因此而稍止息
一如每年固定的季節，飛魚總要隨浪潮而來

夏曼・藍波安，蘭嶼達悟族人。集文學作家、人類學者於一身，以寫作為職志，記錄台灣海洋與達悟文化；曾獲吳濁流文學獎、吳三連文學獎，著作被翻譯成多國語言。現為專職作家、島嶼民族科學工作坊的負責人。

Malanowanowod a osong no takey
Jimina voyit a kaji cyakawalanan
Mina ngitaowan ta so kaoranan
Ni atata ataw ta do omalomirem
Abowanag ta so kapei reiyon ta jira do
Among nga a pinaziwang ni omima

我們在美麗的山谷大合唱
在仙女山，在竹子山
那兒是我們第一次造舟的地方
然後在廣袤的海洋航海
試著舉行捕撈飛魚的儀式
飛魚就是天神恩賜給我們的

在冬夜，人之島吹著陣陣寒意甚濃的北風，最古老的部落伊姆洛庫（Imaworod）的創世紀神話，部落人口述了最初在仙女山丘、竹子山丘緩坡地望海讚嘆，讚美天神每年恩賜飛魚給島民，祖先們合作建造島嶼的第一艘拼板船，歌頌飛魚招魚祭典的大合唱，唱給海神聽，唱給黑翅飛魚神聽。

伊姆洛庫部落，坐落在島嶼的南邊，在一個純潔的年代，沒有外邦人干預的歲月，部落裡的男士聚集在海邊灘頭，以呼喚飛魚儀式開啟年頭的帷幕。每一個獵魚家族分別是十人坐在大船上，戴著銀盔，心存感念，祈求天神敞開大海的胸膛恩賜飛魚，延續民族的命脈，在冬季寧靜的黑夜裡航行，在海上持著火炬照明，銀白色翅膀的飛魚展翅飛躍，躍進船身，我們於是豐收地返航，在黑夜的汪洋上慶祝豐收而大合唱。

我居住的部落伊姆洛庫流傳著這則神話般的史詩，那已是非常久遠的年代，然而招飛魚的儀式，依然按著民族的傳統曆法，如是生態時鐘似的如期舉行。

夜航、飛魚、小蘭嶼

伊姆洛庫部落面海的東南方，有一座小島，稱之為 Jiteiwan(音「立太灣」，即小蘭嶼)，距離伊姆洛庫部落有五海里，那兒的一處小海灣，正是飛魚從赤道北上群游，最先會抵達的地方。

數艘十人船舟，每艘一個舵手、九個槳手，從部落灘頭出海，揚起風帆，那是冬末春初時節，並行划向小蘭嶼，十隻槳葉在海面上井然插入海裡，每一槳醞成浪沫漩渦，於是讓船隻浮動前行，浪沫漩渦攪翻浮游生物，在冬夜的黑色海面，形成銀色流道，如是仰泳的鯨豚筆直邁進。槳手靜默地呼吸，舵手放眼掌舵，朝著小島的黑影，兩千槳次之後，抵達飛魚群聚的海灣。

舵手燃燒火炬，火炬任由北風強弱吹著，槳手靜默等待，三位掬網漁撈手站立，船隻隨著洋流浮移。北風加速火炬的旺盛，舵手於是舉起火把，哇！哇！千尾飛魚遇見火炬，像是遇見了最近距離的太陽，喜悅地紛紛展翅飛躍，火炬下飛

日治時期的伊姆洛庫部落（上圖）。年輕時的夏曼・藍波安與兒子（左圖）。

（上／鹿野忠雄攝、夏曼・藍波安提供；左／夏曼・藍波安提供）

魚如是沙丁魚般的層層疊疊，揀網漁撈手不費吹灰之力，一網一網地將飛魚撈進船身內。當一陣陣強風吹旺火把的時候，飛魚也瘋狂地躍進船身內。舵手一聲令下：「足矣！」

熄滅火炬，飛魚群隱沒在船底的黑暗下，悠悠自在地不肯離去，無奈地，船身也只能容許承載千尾魚兒。

滿載飛魚的兩艘十人拼板大船，併行地返回大島，五對雙槳，在微弱的月光下划著，那如是幽靈般的身影，在黑色海面節奏井然，舵手看著不會移動的大島的黑影掌舵，一切景致皆在黑夜裡進行，這早是部落裡的人習以為常的環境背景。

槳手們賣力地大合唱，合唱著漁獲豐收的歌詞，彼時部落裡的年輕人，在船屋燃燒柴薪，生起火種等待返航的獵魚漁夫。千尾飛魚在沙灘灘頭堆起一座座的小山，刮除的飛魚鱗片也像一堆堆的沙丘。

翌日清晨，每一家的庭院，晒滿了解殺的飛魚魚乾，部落人於是歡顏品嘗鮮魚清湯，在自家的涼台靜默地望向汪洋，一切的一切，在吃魚肉的牙齒暴露飽足

在現代化的浪潮下，曾經作為捕魚工具的獨木舟，如今多半作為展示與觀光之用。

之後的喜悅，姥姥因而啟口哼著腸胃被飛魚湯溫熱的喜氣：

男人，縱然無需口述豐收的喜悅
海洋，如是蒸騰著飛魚飛翔的雀躍
冬季的晨光，晒紅了我皺紋的紋路
也晒紅了孫女歡笑的面容
銀白色的飛魚鮮魚湯
撐開了我腸胃的遼闊
如是海平線也撐開了
天空的浩瀚

每年的二月到六月，是蘭嶼達悟族人一年一度的飛魚祭。儀式之一，是船組的十人，會抬船往返祭主家與海灘之間。（圖／鹿野忠雄攝、夏曼·藍波安提供）

當部落裡所有船隻停歇，不出海獵魚的時候，海邊灘頭佇立著許多的船隻，船艏船尾突出，期待著再次集體出航，雙槳展翅飛行於汪洋大海上，期待再次豐收，男人在海上大合唱的歌聲，我等姥姥的皺紋再次抹上飛魚的油質，展示歡顏。這是我的部落在我兒時所流傳的美麗故事，是純潔而樸實的部落民生活寫照。

一九〇四年，伊姆洛庫部落蓋起了日本武警的駐在所，外來殖民者正是統轄我們的島嶼，日本紅太陽旗幟飄飄然的，我們的民族正式被納入日本明治天皇的公民。一九二三年也在我部落傳統領域建立起蕃童教育所，我的父親（一九一七年生）成為第一代接受外來政權、馴化教育的新生代。我部落的駐在所，蕃童教育所也夠成為日本統御島民聚集的公共場域。於是伊姆洛庫部落成為島嶼上外來政權的行政中心，這一點多多少少都困擾了我部落住民的傳統生活節奏。

一九四七年一月二十九日，紅頭嶼正式更名蘭嶼鄉公所，之後台灣軍方於一九五八年在我部落面海左邊再次地蓋起警備總部蘭嶼指揮中心，附設蘭嶼第九

一朵朵偌大的白雲下，一架架的飛魚晒成乾。悠閒的居民逗弄著狗，這是亙古以來，伊姆洛庫部落寧靜安詳的畫面。

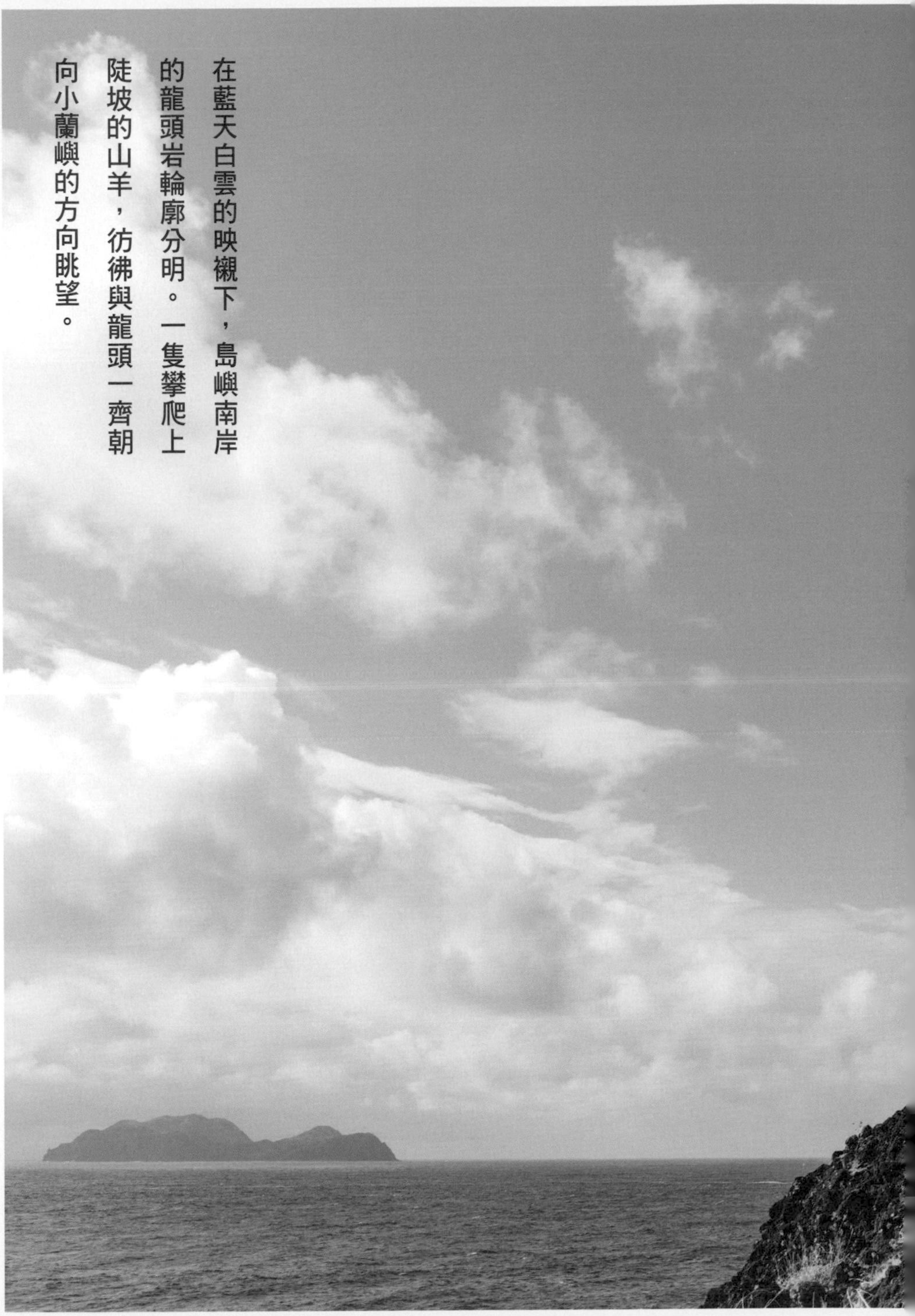

在藍天白雲的映襯下，島嶼南岸的龍頭岩輪廓分明。一隻攀爬上陡坡的山羊，彷彿與龍頭一齊朝向小蘭嶼的方向眺望。

班監獄。蘭嶼鄉公所的旁邊再蓋起蘭嶼衛生所、蘭嶼郵局。

日本蕃童教育所最後也更名為蘭嶼國小，我的母校。國小前面，由台東縣黨部無償占地，蓋起國民黨蘭嶼鄉黨部；原來的日本武警駐在所除役，搭建了蘭嶼警察分駐所。

最後在一九七〇年一位退休的鄉公所職員，租起一棟公所職員宿舍，改建為「興隆雜貨店」，就在蘭嶼鄉黨部隔壁，我叔父傳統屋的隔壁，這些新興建物蓋在環島公路上方，坐北朝南，視野奇佳。換言之，那群外來人占據了我部落最佳的地點，而且都是無償的。

我的部落伊姆洛庫，儼然成為島嶼的行政中心據點，固然帶給我部落人許多的便利，但相對地也帶來許多疑惑困擾，譬如：日本蕃童教育所，就是我父親那個世代的人，早上升旗必須立正站好，仰視紅太陽旗幟上升。部落人由於不知道日本國旗的意義為何，所以不理睬升旗，依舊穿著丁字褲走經，引來一頓臭罵，輕者罰一捆乾柴，重者服一日勞役，部落人總覺得你們日本人升旗跟我們無關啊！

到了國民政府，也就是蔣氏的威權時代，蘭嶼國小用地不僅就在部落裡，也是部落人上山工作必須經過的地方。學校升旗典禮，走經的部落人不管是扛著鋤頭、揹起斧頭，或是揹籐籃都必須立正站好，很是莫名其妙。學校老師由於沒有配槍，所以部落人就不懼

蘭嶼行政中心伊姆洛庫的郵局前人來人往。在觀光客蜂湧的今日，郵件投遞多來自旅人。

怕，照走。我們努力高唱國歌、升旗歌，部落的人笑我們這些學生，說是像個傻蛋為一面布匹唱歌，當然我們也不可能理解國歌歌詞的意義。

蘭嶼「鄉黨部」

我的部落伊姆洛庫，是台灣國民政府在蘭嶼的行政中心。我上小學的時候，環島公路只鋪到島嶼南邊，但我的部落有警備總部的蘭嶼指揮部，也有監獄，囚禁軍中刑責較輕微的囚犯，這些囚犯稱之「長員」，退除役官兵輔導委員會給他們工作，他們工作的地方則稱為「蘭嶼農場」。

我部落的農場叫「翠薇農場」，他們放牧台灣來的黃牛，黃牛吃盡我們瓜園的地瓜葉，長員挖盡我們的地瓜，部落的人只好往山坡地種植地瓜、山藥等等。可耕種的旱地全數劃歸為國防部用地，國民政府的到來確實困擾部落生活將近四十年，每每造成軍民衝突，地上物種的被破壞，一直沒有得到賠償，這是國民政府對我們部落人最蠻橫的舉動，嚴重歧視我們的生存權。換句話說，蘭嶼是被

日治時期的日警與居民在當時的警察署前合影（左圖）。該建築物如今已成廢墟（上圖）。（左／夏曼．藍波安提供）

威權軍事統治的地方，而我的伊姆洛庫就是慘遭國民政府蹂躪最劇烈的部落。

我們這群小學生，每每在九三軍人節都要去野溪抓鰻魚、到水芋田抓田蛙，作為犒賞軍人保護蘭嶼島的美食，說穿了，外來殖民者就是利用槍桿子威嚇我們的純潔與樸實，所幸我們不吃那些被部落人歸類為低等的食物。

每一年的十月分，也是我們學校、國民黨蘭嶼鄉黨部最忙碌的季節，那也是我們島嶼最美麗的季節。伊姆洛庫部落因為是島嶼的行政中心，蘭嶼分駐所就在部落的中心，蘭嶼鄉黨部命令部落成年男子變成國民黨黨員，鄉黨部號稱「民眾服務站」，其實就是發號司令統治站。我們排隊上學必經之路，在十月的三個重大慶典，各個機關首長皆要在鄉黨部舉行十月十日的開國紀念典禮、十月二十五日的台灣光復節，以及十月三十一日的「蔣公華誕」。

小小的黨部空間占滿了人群，吶喊呼叫什麼什麼主義萬歲、蔣公萬萬歲、服從領導等等，吶喊到鄉黨部的門窗玻璃都被震破，讓黨部主任高興千萬分說：「『山地同胞』歸順於最高領導。」於是我的部落所有的涼亭在十月分懸掛滿了中華民國的旗幟，在十月北風的輕輕飄吹下，形成另類的奇觀，達到統御邊陲，西太平洋孤島的實質效應。

山坡上的天主堂

一位瑞士籍的神父也在我部落的最高處建立起一處天主教堂，教堂頂端也立上十字架，神父如同是上帝似地，鳥瞰部落人日常的一舉一動，發放救濟物資，吸引部落人成為教徒，教部落唱著：「我們的天父，願你的名受顯揚，願你的國來臨（到現在還是沒有來臨），願你的旨意奉行在人間……」於是部落人有了「星期日」上教堂的概念，但鮮少人跟神父告解，因為沒什麼犯罪，讓神父有些些地難過，畢竟，神父認為的犯罪，「不相信上帝的存在」，並非是一種罪惡。

這些突如而來的外邦人機構，確實給伊姆洛庫部落帶來許多的困惑，讓自給自足的部落民生活不得不順應外邦人帶來的新文化，包括我部落也建立起了一個賣雜貨的商店，稱之「興隆雜貨店」。雜貨店就在鄉黨部隔壁，也是部落人上山

夕陽下，錯落的屋宇，靜靜地躺在山海之間。美好的伊姆洛庫，將在達悟人祖靈的守護下，永遠保持下去。

下海的必經之處，而雜貨店面海的右邊就是蘭嶼分駐所，後邊就是蘭嶼國小。因而可買賣的雜貨店形成公務員、軍人，以及輕刑囚犯匯聚的地方。

由於島上還有台電火力發電廠，雜貨店在入夜之後，會點燃煤油燈，對於我部落的人而言，煤油燈是一種吸引人潮的魅影。雜貨店也經營小酒鋪，賺取沒地方花錢的大陸來的士官兵的錢。

然而最吸引那群士官軍人眼神的，是身材微微胖的、善於交際的老闆娘。她略顯微微胖的身材，喜歡穿寬鬆的洋裝，煞是嚴重地吸引老士官兵們的眼目。而我們這群小鬼有事沒事就往雜貨店湊熱鬧，觀看那群老兵們在酒酣耳熱之際，雙眼煞是想吃掉微胖老闆娘似地，他們哈死了老板娘。無奈我們島嶼沒有可以嫖妓的「八三夭」，也因為這個緣故，我們這群小鬼的中文進步神速，日日夜夜聽著他們說華語，也學會了他們的外省腔。

當然在那個時期，我們鮮少聽到說閩南語的，就如學校也禁止說族語，一切的一切，全以中原文化為核心，一元化的語文政策。

我部落的所有機關，每逢漢人的舊曆年，各機關大門是開放的，包括蘭嶼軍營的雜貨鋪，一到大年初一，桌上擺上各式各樣糖果。此日一來臨，大門一開啟，鄰近部落的老弱婦孺也來伊姆洛庫搶奪糖果，之後囚犯繞著各機關舞龍舞獅，熱鬧非常。這些確實影響了我們的未來，然是，微胖的老闆娘燃起長長鞭炮的霎那間，那正是囚犯們舞龍舞獅到最賣力的高點。她的豐滿，臀部的豐肉讓奮力的表演者飛灑汗水，呼吸喘急，彷彿楊貴妃還在世，那時她是島上唯一的胖女人。

伊姆洛庫部落，在飛魚季節來臨時，原來的四、五十艘的木船，如今只剩五、六艘。在冬末春初的飛魚汛期，逐漸顯露出木船佇立在灘頭的夕陽時節已降臨，時代的改變，灘頭占滿木船的鼎盛年代也褪色了，在寒意甚濃的今日，灰色的海面多少暴露出深深的蒼涼景致，少許的木船不再奔騰於大海，而只能是灘頭的「模特兒」，供遊客拍照留影。而我剛造好的一艘雕飾木船，也只是為了回味古老的傳說。或許我與兒子的木船，也將成為遊客留影的對象，也將成為我孫子們的傳說。啊！我的部落伊姆洛庫。◇

一方印記 一方水土一方承載，藝文大家的土地記憶書寫

作　　者　小野｜余宜芳｜吳晟｜阮義忠｜阮慶岳｜林立青｜林正盛
夏瑞紅｜彭康隆｜楊憲宏｜雷驤｜廖鴻基｜謝哲青｜蘇淮
夏曼·藍波安（依姓名筆畫序）
經典雜誌　編著

發 行 人　王端正
合心精進長　姚仁祿
傳 播 長　王志宏
叢書主編　蔡文村
叢書編輯　何祺婷
美術指導　邱宇陞
資深美編　蔡雅君
數位內容編輯　洪婉恬（作者簡介編寫）
出 版 者　經典雜誌 財團法人慈濟傳播人文志業基金會
地　　址　台北市北投區立德路二號
電　　話　（02）2898-9991
劃撥帳號　19924552
戶　　名　經典雜誌
製版印刷　軒承彩色印刷製版股份有限公司
經 銷 商　聯合發行股份有限公司
地　　址　新北市新店區寶橋路 235 巷 6 弄 6 號 2 樓
電　　話　（02）2917-8022
出版日期　2022 年 12 月初版
定　　價　新台幣 450 元

ISBN 978-626-7205-29-7（平裝）

Printed in Taiwan

國家圖書館出版品預行編目 (CIP) 資料

一方印記 / 一方水土一方承載，藝文大家的土地記憶書寫
小野 等著 . -- 初版 . -- 臺北市 : 經典雜誌 ,
財團法人慈濟傳播人文志業基金會 , 2022.12
368 面； 15*21 公分
ISBN 978-626-7205-29-7(平裝)
1. 作家 2. 攝影師 3. 編輯出版 4. 藝文界 5. 土地書寫 6. 遊記
733.69　　　　　　　　111021657

[經典]
HUMANITY
[人文]